中国儿童成长必备彩书坊

# 成语故事

**CHENGYU GUSHI**

晨风童书 ◎ 编著

中国人口出版社
China Population Publishing House
全国百佳出版单位

# 目录

**A**

安居乐业……………………1

暗度陈仓……………………2

暗箭伤人……………………3

按图索骥……………………4

**B**

八仙过海……………………5

百步穿杨……………………6

百折不挠……………………7

班门弄斧……………………8

半途而废……………………9

抱薪救火……………………10

杯弓蛇影……………………11

背水一战……………………12

兵不厌诈……………………13

病入膏肓……………………14

伯乐相马……………………15

不耻下问……………………16

不可救药……………………17

不求甚解……………………18

**C**

才高八斗……………………19

沧海桑田……………………20

沧海一粟……………………21

草菅人命……………………22

车水马龙……………………23

乘风破浪……………………24

痴人说梦……………………25

赤膊上阵……26
重蹈覆辙……27
初出茅庐……28
出尔反尔……29
出类拔萃……30
唇亡齿寒……31
寸草春晖……32

**D**

打草惊蛇……33
大材小用……34
大公无私……35
大器晚成……36
道听途说……37
东山再起……38
东施效颦……39
独当一面……40
对牛弹琴……41
对症下药……42

**E**

尔虞我诈……43

**F**

防微杜渐……44
飞蛾投火……45
分道扬镳……46
风声鹤唳……47
奉公守法……48
负荆请罪……49
负隅顽抗……50
覆水难收……51
赴汤蹈火……52

**G**

高山流水……53
功败垂成……54
刮目相看……55

**H**

害群之马……56
邯郸学步……57
含沙射影……58

鹤立鸡群……………59
鸿鹄之志……………60
狐假虎威……………61
画饼充饥……………62
画龙点睛……………63
画蛇添足……………64
讳疾忌医……………65

**J**

机不可失……………66
鸡鸣狗盗……………67
见利忘义……………68
见异思迁……………69
江郎才尽……………70
骄兵必败……………71
狡兔三窟……………72
嗟来之食……………73
噤若寒蝉……………74
惊弓之鸟……………75
精卫填海……………76

井底之蛙……………77
九牛一毛……………78

**K**

开诚布公……………79
开天辟地……………80
克己奉公……………81
刻舟求剑……………82
空中楼阁……………83
口蜜腹剑……………84

**L**

滥竽充数……………85
狼狈为奸……………86
老当益壮……………87
老马识途……………88
乐不思蜀……………89
乐极生悲……………90
力不从心……………91
梁上君子……………92
两袖清风……………93

量力而行……………94
柳暗花明……………95
洛阳纸贵……………96

## M
买椟还珠……………97
满城风雨……………98
盲人摸象……………99
毛遂自荐……………100
门可罗雀……………101
门庭若市……………102
明察秋毫……………103
明哲保身……………104
明珠暗投……………105
名正言顺……………106
磨杵成针……………107

## N
南辕北辙……………108
鸟尽弓藏……………109
弄巧成拙……………110

怒发冲冠……………111

## O
呕心沥血……………112

## P
抛砖引玉……………113
披荆斩棘……………114
平易近人……………115
破釜沉舟……………116

## Q
骑虎难下……………117
杞人忧天……………118
气壮山河……………119
千钧一发……………120
千里之堤,溃于蚁穴……121
千里之行,始于足下……122
黔驴技穷……………123
巧夺天工……………124
青出于蓝……………125
秋毫无犯……………126

## R

忍辱负重……………………127
如鱼得水……………………128
孺子可教……………………129
入木三分……………………130

## S

塞翁失马……………………131
三人成虎……………………132
杀一儆百……………………133
上行下效……………………134
神机妙算……………………135
事半功倍……………………136
势如破竹……………………137
视死如归……………………138
世外桃源……………………139
守株待兔……………………140
熟能生巧……………………141
双管齐下……………………142
水滴石穿……………………143
水落石出……………………144
四面楚歌……………………145

## T

泰山鸿毛……………………146
贪小失大……………………147
谈虎色变……………………148
螳臂当车……………………149
螳螂捕蝉，黄雀在后……150
天衣无缝……………………151
同病相怜……………………152
同仇敌忾……………………153
同甘共苦……………………154
退避三舍……………………155

## W

完璧归赵……………………156

| | |
|---|---|
| 亡羊补牢……………157 | 言过其实……………174 |
| 望梅止渴……………158 | 掩耳盗铃……………175 |
| 围魏救赵……………159 | 叶公好龙……………176 |
| 为虎作伥……………160 | 夜郎自大……………177 |
| 闻鸡起舞……………161 | 一败涂地……………178 |
| 卧薪尝胆……………162 | 一笔勾销……………179 |

**X**

| | |
|---|---|
| 相濡以沫……………163 | 一箭双雕……………180 |
| 项庄舞剑，意在沛公……164 | 一毛不拔……………181 |
| 笑里藏刀……………165 | 一鸣惊人……………182 |
| 心怀叵测……………166 | 一网打尽……………183 |
| 信口雌黄……………167 | 一叶障目……………184 |
| 胸有成竹……………168 | 一意孤行……………185 |
| 休戚相关……………169 | 一枕黄粱……………186 |
| 悬梁刺股……………170 | 疑邻盗斧……………187 |
| 削足适履……………171 | 以德报怨……………188 |
| 雪中送炭……………172 | 以卵击石……………189 |
| | 义不容辞……………190 |

**Y**

| | |
|---|---|
| 揠苗助长……………173 | 义无反顾……………191 |
| | 易如反掌……………192 |

因势利导…………………193

饮鸩止渴…………………194

庸人自扰…………………195

忧心如焚…………………196

有备无患…………………197

有志者事竟成……………198

愚不可及…………………199

愚公移山…………………200

余音绕梁…………………201

鹬蚌相争…………………202

欲速则不达………………203

**Z**

凿壁偷光…………………204

朝三暮四…………………205

郑人买履…………………206

知己知彼…………………207

指鹿为马…………………208

众志成城…………………209

煮豆燃萁…………………210

捉襟见肘…………………211

自食其力…………………212

自相矛盾…………………213

醉翁之意不在酒…………214

坐山观虎斗………………215

# 安居乐业

春秋时，著名的哲学家、思想家老子对当时的社会很不满，认为社会的发展给人们带来了痛苦，理想的社会应该是"小国寡民"社会。

"小国寡民"社会指的是：国家很小，人民稀少。人们不用生命去冒险，即使有兵器装备，也不用；不远迁，即使有车辆和船只，也不坐。所有人吃得香，穿得暖，住得安适，与邻近各国互相望得见，鸡鸣狗叫互相听得见，但是人们直到老死，也不互相往来。

【释义】安：安稳，平稳。居：住的地方。业：工作，职业。"安居乐业"指过着安定的生活，愉快地从事自己的职业。形容生活、生产、思想状况安定正常。

# 暗度陈仓

秦朝灭亡后,刘邦和项羽争夺天下。刘邦因实力不如项羽,不得不把咸阳让给项羽,退出关中,赶往项羽封给他的巴蜀、汉中。为了消除项羽的疑虑,表明自己不再回到关中的决心,在去汉中的路上,刘邦命人烧毁了一路走过的栈道。后来,刘邦命大将韩信出兵入关。韩信一面派士兵修复栈道,制造从栈道出去的假象,一面率领主力攻占了入关重镇陈仓。

**【释义】** 暗:隐藏不露的,秘密的。度:过。陈仓:古代县名,在今陕西宝鸡市东,古代是汉中、关中两地区之间的必经之地。"暗度陈仓"比喻表面上一套,暗地里又是一套。

# 暗箭伤人

春秋时,郑国准备攻打许国。郑国国君发派兵车时,老将颍考叔和青年将军公孙子都为争夺兵车而争吵起来。颍考叔不服老,拉起兵车就跑。公孙子都因此怀恨在心。正式攻打许国都城时,颍考叔英勇善战,他手拿大旗,登上城头。公孙子都嫉妒颍考叔将要立大功,就抽出一支箭射死了他。公孙子都冲上城头说:"许国是我攻打下来的。"后来公孙子都对此事心中有愧,跳楼自杀了。

【释义】暗箭:从暗地里放出的箭。"暗箭伤人"比喻暗中施展伎俩以伤害别人。

# 按图索骥

春秋时,秦国有个善于识马的人,人们叫他伯乐。为了让更多的人学会相马,他写了一本《相马经》。有一天,他儿子拿着这本书,按书中所写的好马的特征去找,发现一只癞蛤蟆正好与书中所讲的好马相符,就把癞蛤蟆带回家,说自己找到了一匹好马。

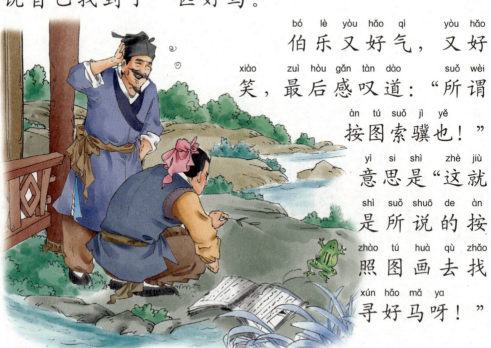

伯乐又好气,又好笑,最后感叹道:"所谓按图索骥也!"意思是"这就是所说的按照图画去找寻好马呀!"

**【释义】** 索:寻找。骥:好马。"按图索骥"指按照图画的样子去寻找好马。比喻遵循成规,一成不变,也指按线索寻找事物。

# 八仙过海

有一次，吕洞宾等八位神仙来到巨浪汹涌的东海边，准备过海参加蟠桃宴会。海边没有船只，怎么过海呢？八位神仙凭着本领渡海很容易。于是，吕洞宾提议大家都投一样东西到海里，再各显神通渡过去。

于是，铁拐李投葫芦，韩湘子投洞箫，蓝采和投花篮，吕洞宾投宝剑，张果老投渔鼓，汉钟离投扇子，曹国舅投玉板，何仙姑投荷花，然后一一站在上面渡过东海。

**【释义】**"八仙过海"比喻在完成共同的事业中，各人都拿出自己的一套办法或本领，互相竞赛。

# 百步穿杨

战国时，楚国有个射箭能手叫养由基。有一次，他和潘虎比试射箭。潘虎连续射了好几支箭，每支都射中靶心，两旁观看的人不断拍手叫好。潘虎自以为可以把养由基比垮，不由地得意起来。

这时，养由基说："射五十步外的红心，目标太近，还是射百步以外的柳叶吧！"养由基拉起弓弦连发三箭，箭箭都射在百步之外的柳树叶子正中。

潘虎见了，立即低下头认输了。

【释义】"百步穿杨"指能在百步以外射中选定的柳树叶子。形容射击技术精巧娴熟。

# 百折不挠
## bǎi zhé bù náo

东汉灵帝时,有一个叫桥玄的人。他为官清正,受人敬重。在他做县功曹时,尽管官职卑微,却大胆地检举朝中大臣的罪行。桥玄任尚书令时,因告发了皇帝的宠臣,遭到皇帝反对,一气之下辞了官。桥玄还曾舍弃爱子的性命将绑架儿子的匪徒绳之以法。东汉文学家蔡邕赞扬他"有百折不挠、临大节而不可夺之风"。意思是有百折不挠,在重大原则问题上绝不改变自己意志的气概。

【释义】折:挫折。挠:弯曲,比喻屈服。"百折不挠"比喻意志坚强,不论受多少挫折也不屈服。

# 班门弄斧

鲁班是我国古代有名的木匠,在他面前摆弄斧子、显示木工活儿就显得不自量力了。

明朝时,有个叫梅之涣的文人,一天,他来到采石矶,发现李白墓前凡是能写字的地方,都被人题满了诗句,但没有一句是高明的。梅之涣觉得这些炫耀诗才的人可笑。于是,他也写了一首诗:"采石江边一堆土,李白之名高千古。来来往往一首诗,鲁班门前弄大斧。"以此讽刺那些题诗的人。

【释义】班:鲁班。"班门弄斧"比喻不自量力的人在行家面前卖弄本领。

# 半途而废

东汉时,乐羊子到远方去寻师求学。一年后,他放弃学业回来了。乐羊子的妻子是个明理的人,她问乐羊子为何回家。乐羊子说因为想家。于是他的妻子就拿起一把刀,走到织布机前对丈夫说:"这布是一寸寸、一尺尺织出来的,日积月累才能成匹。如果我把它剪断,就前功尽弃了。求学也和织布一样,不能到一半的时候就放弃。"乐羊子深受感动,又回去求学,七年没有回家。

【释义】废:停止。"半途而废"比喻工作没完成就停止了。

# 抱薪救火

战国时,魏国曾连续遭到秦国的侵略。魏国多次割让土地来换取和平。谋臣苏代很不赞成魏国的这种怯懦态度。他对魏王说:"侵略者的贪欲没有限度,靠牺牲土地不能换来和平,只要你还有领土,他们的贪欲就没完,就像为了救火却一捆捆地抱柴草投入火堆,柴草烧不完,火也不会熄灭。"可是,魏王没有采纳苏代的建议,一再妥协,最终被秦国灭亡。

【释义】薪:柴草。"抱薪救火"比喻用错误的方法去消除灾害,反而使灾害扩大。

# 杯弓蛇影

西晋时，乐广的好朋友在乐广家喝酒时发现杯子里有蛇影晃动，结果他喝完酒回到家里就病了。后来，乐广发现，朋友看见的"蛇"其实是墙上挂着的一张弓的倒影。

他又请来朋友，像上次一样倒满一杯酒，递给朋友，并问是否还能看到蛇。朋友说和上次一样。乐广从墙上摘下弓，杯中的蛇影就不见了。朋友恍然大悟，病立刻就好了。

**【释义】** 杯：酒杯。"杯弓蛇影"比喻疑神疑鬼，虚惊一场。

# 背水一战

公元前204年,刘邦派韩信等人率军攻打赵国,汉赵两军在井陉口对垒。

韩信先派两千汉军偷袭赵营,又命汉军沿河安营扎寨,吸引赵军主力。两军作战过程中,赵军又中了韩信的诈败之计,追击汉军来到河边。汉军将士因无路可退,所以个个英勇无比,杀得赵军狼狈不堪。这时,偷袭赵营的汉军取得成功。赵军腹背受敌,最终失败。

【释义】水:河流。"背水一战"比喻没有其他的选择,只有决一死战。

# 兵不厌诈

东汉时，武都守将虞诩只带了几千人马，去跟羌人作战。在行军的路上，虞诩让士兵每天增修煮饭的炉灶。有个士兵好奇地问："将军，您每天让我们增加炉灶，到底是为什么呀？"虞诩笑着说："用兵打仗要善施计谋。现在，敌人兵多将广，我们却只有区区几千人马。我这样做，是为了迷惑敌人，让他们以为我们每天都在增加兵员，这样，他们就不敢来追击我们了。"最终，虞诩取得了胜利。

【释义】厌：满足。诈：欺骗。"兵不厌诈"指用兵作战时可以使用欺诈的策略和方法迷惑敌人。

# 病入膏肓

春秋时,晋景公得了重病,秦桓公派名医缓去给他治病。一天晚上,晋景公做了一个梦,梦见两个小孩儿在对话。一个小孩儿说:"缓的医术太高明了,他来了,我们可就遭殃了,咱们往哪里躲呢?"另一个说:"不用担心,只要躲到膏的下面,肓的上面就没有危险了。"缓赶到晋景公那里,察看病情之后,说景公的病已到了膏肓之间,无药可救了。果然,景公不久之后就病死了。

【释义】膏:心尖脂肪。肓:心脏和隔膜之间。"病入膏肓"比喻病情到了十分严重的地步,已经没有办法医治了。

# 伯乐相马

传说春秋时,秦国的孙阳对马很有研究。他一眼就能看出马的好坏,人们都用神话中掌管天马的神人"伯乐"的名字来称呼他。

一次,伯乐看见一匹马拉着盐车在爬陡坡,马的膝盖跪在地上,尾巴上沾满粪水,口吐白沫。伯乐发现这是一匹少见的千里马,就伏在车辕上大哭,并解下衣服给它盖上。千里马低头喷气,然后又抬头向天长嘶,表达对伯乐知道自己才能的感谢。

【释义】伯乐:相传为秦穆公时的人,姓孙名阳,善相马。"伯乐相马"比喻善于识别人才,爱惜人才。

# 不耻下问

春秋时，卫国大夫孔圉谦虚好学。孔圉死后，卫国国君为了让后代人都能学习他好学的精神，特别赐给他一个"文"的谥号（帝王、贵族、大臣等死后，依其生前事迹所给予的称号）。后来，人们就尊称他为"孔文子"。

孔子的学生子贡问孔子："孔圉为什么会被称为'文'呢？"孔子回答说："孔圉资质聪敏，为人正直，又好学上进，不耻下问，所以被称作'文'。"

【释义】"不耻下问"指不以向学问或职位比自己低的人请教为耻辱。

# 不可救药

西周末年,周厉王对百姓的统治非常残暴。他不但贪占老百姓的财产,还派人监视人们的言行。如果谁想反抗就杀谁,人们非常痛恨他。看到西周统治已不稳固,一位叫凡伯的大臣非常担心。他给厉王写了一首诗,其中有一句是"多将熇熇,不可救药"。意思是周厉王做的坏事太多了。如同形成了炽热的火势,不可救药。周厉王没有听从凡伯的劝说,最后因暴政被老百姓赶跑了。

**【释义】** 药:用药治疗。"不可救药"比喻人或物已经坏到了无法挽救的地步。

# 不求甚解

东晋时，文学家陶渊明辞官回到自己的家乡。他喜欢过清静悠闲的田园生活，耕地之后，剩下的时间就用来读书，日子过得很舒心。

他读书侧重于把握文章的主要意思，不深入研究字句的解释，不刻意斟酌文字的内涵，并说这是"不求甚解"。每当读到能够深刻领会意思的地方，他会高兴得连吃饭都忘记了。他就这样耕田、读书，不仅不觉得苦，反而觉得十分逍遥自在。

**【释义】** 甚：很，极。"不求甚解"指读书只了解一个大概，不在词句上多下功夫。现在多指学习不求深刻理解或工作不做深入调查。

# 才高八斗

南朝宋时，谢灵运的诗艺术性很强。宋文帝很赏识谢灵运的文学才能，特地将他召回京都任职，还把他的诗和书法称为"二宝"，常要他边侍宴，边写诗。一直就很高傲的谢灵运得到这种待遇后，更加狂妄自大。有一次，他一边喝酒，一边自夸："魏晋以来，天下的文学之才共有一石（石是古代的量器，一石是十斗），曹子建（曹植）独占八斗，我得一斗，天下其他人共得一斗。"

【释义】斗：量器名。"才高八斗"比喻人的才华、才能很高，远远胜过一般人。

# 沧海桑田

传说,从前有两位仙人,名叫王远和麻姑。麻姑修行得道后,千百年过去了,她还像十八九岁的姑娘一样漂亮、美丽。

麻姑对王远说:"我自从得道接受天命以来,已经亲眼见到东海三次变成桑田。这次,我又见到海水比前一时期浅了许多,难道它又要变成陆地了吗?"王远叹息道:"是啊,难怪圣人说大海的水在下降,不久那里又将扬起尘土了。"

【释义】"沧海桑田"指大海变成田地,田地又变成大海。形容世事变迁很大。也作"桑田沧海"。

# 沧海一粟

苏轼是北宋时著名的文学家,是"唐宋八大家"之一。

他曾写过一篇有名的《前赤壁赋》,表达自己对自然以及人生的看法。他的朋友认为:人生活在永恒的天地间,渺小得如大海中的一粒小米,生命短促得像只能活几小时的蜉蝣,没有一点儿价值。但苏轼却认为:人的一生虽然短暂,但可以创造很多价值,这样才会死而无憾。

【释义】粟:谷子,我国北方的粮食作物,去壳后叫小米。"沧海一粟"指大海里的一粒小米,比喻极其渺小。

# 草菅人命

汉文帝时有个著名的文人名叫贾谊。贾谊从小勤奋好学,才华横溢。因此,汉文帝让他做梁王刘揖的老师,教导梁王多读些书。

贾谊说:"教皇子读书固然重要,更重要的是教他做正直的人。假如像赵高教导秦二世胡亥那样,传授给胡亥的是严刑酷狱,把杀人看得像割草一样,不当一回事。这难道是他生来就坏吗?不是的,是教导他的人没有引导他走正直的路。"

【释义】菅:多年生草本植物。"草菅人命"指把人命看得像野草一样轻贱。

# 车水马龙

东汉时,汉章帝要给马太后的娘家人加官封爵。马太后坚决反对这样做,为此,她还专门发了诏书。诏书中说:"我身为太后,还是衣着朴素,茶饭清淡,左右宫妃也尽量简朴。我这样做的目的是为下边做个样子,也好让外亲反省自己。前几天我路过娘家,看到去我舅舅家请安问好的人很多,车像流水,马像游龙。给我娘家人加官封爵,是会危害国家的。"

【释义】"车水马龙"形容车马很多,成群结队,十分热闹。

## 乘风破浪
**chéng fēng pò làng**

南北朝时,有个叫宗悫的人,从小就跟父亲和叔叔练拳习武,武艺十分高强。他的叔叔学问很高却不肯做官,一次叔叔问他:"你长大了准备干什么?"宗悫豪迈地回答:"我长大了愿乘长风破万里浪,干出一番事业。"

有一天,宗悫家里来了十几个盗贼,他拔出佩剑,殊死拼杀,最后,盗贼落荒而逃。大家都称赞宗悫机敏勇敢,年少有为。后来,他果然成为有名的将军。

【释义】乘:驾。破:劈开。"乘风破浪"比喻斗志昂扬或志向远大,不怕困难,奋勇前进。

# 痴人说梦

据说唐高宗时,有个来自西域的和尚,曾经到长江、淮河一带游历。因为他的言谈举止非常怪异,因此所到之处总能引起人们的注意。有人问他:"您何姓?"他回答:"姓何。"人们问他是何国人,他又回答何国人。结果弄得人摸不清头脑。和尚死后,文学家李邕想为他刻写墓碑,但不知道他的来历,只好写道:"大师姓何,何国人。"后人认为这就像是对着糊涂人说梦话,而糊涂人竟信以为真了。

【释义】"痴人说梦"本来是说对痴呆的人说梦话,而痴呆的人信以为真。后来讽刺人说荒唐话。

# 赤膊上阵

东汉末年,马超为给父亲报仇,与西凉太守韩遂联合,出动数十万大军攻打曹操。马超与曹操的猛将许褚展开激战。两人战了一百多回合,没有分出胜负。因为战马累得不行了,于是各回军中,换了一匹马,又来到阵前大战。两人又战了一百多回合,还是分不出谁胜谁负。许褚拍马跑回营中,卸了盔甲,光着上身来战马超。后来两军混战,才各自收兵。马超回营后,说:"许褚真是名虎将!"

**【释义】** 赤膊:光着上身。"赤膊上阵"比喻不讲策略或毫无掩饰地做某事。

# 重蹈覆辙

东汉时,宦官把持朝政,权力越来越大。他们的恶行激起了太学生和一些官员的反对。可是,这些反对者却遭到逮捕。当时,窦武的女儿是皇后,窦武受封为侯爵,他为人正直,从不仗势欺人。看到宦官们胡作非为,他十分愤慨,对桓帝说:"奸臣执政会丢失天下,如果不吸取教训,就会再走翻过车的老路,像秦朝那样灭亡。"汉桓帝经过窦武提醒,认识到自己的错误,释放了那些无辜被押的人。

【释义】蹈:踏上。覆:翻,倒。辙:车轮碾过的印儿。"重蹈覆辙"比喻不吸取失败的教训,重犯过去的错误。

# 初出茅庐

东汉末年,天下分崩离析。曹操、刘备、孙权三股势力经过多年发展,逐渐强大起来。刘备经贤士徐庶介绍,三次到诸葛亮曾居住的茅草屋去拜访他,希望诸葛亮能辅佐自己。

诸葛亮来到刘备军中时,正赶上曹操派大将夏侯惇领兵攻打新野。于是,诸葛亮调兵遣将,设计埋伏,刘备带一千人马作后援。在战斗中,各将按诸葛亮吩咐行事,大获全胜。人们称此事乃诸葛亮"初出茅庐第一功"。

【释义】茅庐:茅屋。"初出茅庐"原来是说诸葛亮刚走出茅草屋就打了胜仗。现在也比喻刚进入社会或刚出来工作,缺乏经验。

# 出尔反尔

战国时,邹国与鲁国交战,结果邹国战败,死了不少将士。邹穆公问孟子:"这次战斗中,官员死了很多,但百姓却没有一个伸手相助的,真是可恨。"孟子说:"记得有一年闹饥荒,百姓饿死很多,官员不但不去救济他们,反而残害他们。记得孔子的弟子曾子曾经说过,'你怎样对待别人,别人也会怎样对待你。'如今,百姓有了报复的机会,当然不会管那些死伤的官员了。"

**【释义】** 尔:你。"出尔反尔"原指你怎样对待别人,别人就会怎样对待你。后指说了话不算数或做了事不认账,言行前后矛盾。

# 出类拔萃

有一次,孟子的学生公孙丑问孟子:"老师,古代的伯夷、伊尹跟孔子差不多吧?"

孟子回答说:"凡是同类的都可以相比,麒麟和一般走兽,凤凰和其他飞鸟都是同类。圣人和百姓也是同类,但'出于其类,拔乎其萃,自生民以来,未有盛于孔子也'。"意思是,圣人都远远超出同类中的其他人,自有人类以来,没有人比孔子更伟大的了。

【释义】出、拔:超出。类:同类。萃:原指草丛生的样子,引申为聚集在一起的人或事物。"出类拔萃"形容才德超出众人之上。

# 唇亡齿寒

春秋时,晋国想从虞国借道去攻打虢国,晋献公把自己的美玉和宝马送给了虞王。虞王贪恋财物,就答应了晋国的要求。虞国的大臣宫之奇不同意虞国借路给晋国。他对虞王说:"虞国和虢国的关系就像牙齿和嘴唇一样,嘴唇没了,牙齿就会感到寒冷。如果虢国被灭掉,那么虞国被灭掉的日子也就不远了。"虞王没有听从宫之奇的劝告,借道给了晋国。后来晋国灭掉虢国之后又灭掉了虞国。

【释义】亡:失去,消失。寒:寒冷。"唇亡齿寒"比喻事物之间互相依存,彼此依托,缺一不可。

# 寸草春晖

唐代诗人孟郊写过一首题为《游子吟》的诗：慈母手中线，游子身上衣。临行密密缝，意恐迟迟归。谁言寸草心，报得三春晖！

诗的大意是：离家到他乡去的儿子啊，身上穿的衣裳是母亲手中的线缝起来的。临行时母亲把针脚缝得密密的，只怕日子久了衣裳会破损。谁说儿子像小草一样稚嫩的心，能报答得了母亲像春天阳光般的慈爱呢？

**【释义】** 寸草：小草。春晖：春天的阳光。"寸草春晖"比喻儿女对父母养育之恩的无限感激之情。

# 打草惊蛇

南唐时，县令王鲁为人贪婪，他利用职权大肆聚敛财富。下属们见他这样，也纷纷效仿，更加疯狂地向百姓勒索。百姓们忍无可忍，便联名控告贪赃受贿严重的主簿（县令下的小官）。状子到了王鲁手中，吓得他大惊失色，因为这每一桩案件都与他有关。他怕上司知道，就把状子压下来，并写上批文："汝虽打草，吾已惊蛇。"意思是你们虽不是告我，可我已像打草时被惊动的蛇一样，感到害怕了。

【释义】惊：惊动。"打草惊蛇"现在比喻做事不严密，没等成功就惊动了对手，使他们有所准备。

# 大材小用

南宋时,爱国将领辛弃疾因主张抗金而被罢官。后来,又被任命当了个小官。他的好朋友陆游是一位著名的爱国诗人,为了鼓励辛弃疾发挥自己的才能,特地写了一首长诗送给他,其中有一句是:"大材小用古所叹,管仲、萧何实流亚"。辛弃疾这样的人才,是古代政治家、军事家管仲和萧何那样的一流人物,可是只做了个安抚使这样的小官,实在是把大材料用在小处,太令人惋惜了。

【释义】"大材小用"比喻把大有才能的人只用在小事务上。指使用不当,造成浪费。

# 大公无私

春秋时,晋平公问大夫祁黄羊:"南阳缺个县令,你看谁去合适?"祁黄羊推荐了他的仇人解狐。晋平公听了很惊讶,说:"解狐是你的仇人啊!"祁黄羊说:"您只是问我谁担任县令合适,没有问谁是我的仇人。"果然,解狐到任后,为百姓办了许多好事。

孔子听说后称赞说:"祁黄羊真是大公无私啊!"

【释义】"大公无私"指秉公办事,毫无偏私。

# 大器晚成

东汉时,马援12岁就失去了父母,靠哥哥抚养长大。马援年少的时候就有很大的志向,可是他天性并不聪明。当时,同村有个叫朱勃的人,与马援年纪相仿,却能口诵《诗经》、《尚书》。马援自愧不如,便向哥哥提出要去边疆放牧。哥哥安慰他说:"你是很有才干的人,只要奋发努力,一定时日后,定能成大器。"马援听后,发奋学习,坚持不懈,终于在55岁时被封为将军,成了"大器晚成"的名将。

【释义】器:才干。成:成就。"大器晚成"后指能担当大事的人要经过长期的锻炼,所以成就较晚。

# 道听途说

艾子是古代齐国的一位著名学者,他注重实际调查,不相信没有根据的话。一次,他遇到一个叫毛空的人。毛空告诉艾子,有一只鸭子一次下了一百个蛋,艾子不信,毛空又说是十几只鸭子下的,艾子仍旧不信。后来毛空又说上个月天上掉下来一块三十丈长、十丈宽的肉。艾子问他这些消息都是从哪里来的,毛空说是在路上听来的。艾子告诫自己的学生不能像毛空那样道听途说。

【释义】"道听途说"指没有根据的传闻。

# 东山再起

东晋大臣谢安年轻时就因才华出众、风度翩翩而享有盛名。他曾担任过编国史的著作郎，后来觉得做官太过束缚，便辞去官职，到会稽（今浙江绍兴）东山隐居去了。四十多岁时，谢安接受大司马桓温的邀请，做了他的幕僚。后来，谢安因其政治军事方面的突出才能而不断得到提拔，一直做到宰相。后人就把退隐后再出来做官称作"东山再起"。

【释义】再起：再次出来做官。"东山再起"指退隐后再度出任要职。也比喻失势之后又重新得势。

# 东施效颦

春秋时,越国有一个叫西施的女子。相传,她是全天下最美的女子。西施有心口痛的病,所以常常轻轻抚摸胸口,微微地皱眉。人们都认为她这个样子更美了。东施是西施的同乡,是有名的丑女。她见人们认为西施捧心皱眉的样子好看,便也学着做。可她相貌太难看,这样一来就更丑了。人们都不愿见到她的丑相,纷纷躲避起来。

**【释义】** 效:模仿。颦:皱眉。"东施效颦"原指丑人模仿美人的姿态。现在泛指盲目地模仿别人,却适得其反,显得愚蠢可笑。

# 成语故事

## 独当一面

楚汉战争时,刘邦在彭城被项羽打得大败。刘邦不得不带着残兵败将逃到下邑,他对谋士张良说:"这次战败,损失惨重,军队士气十分低落。我想,谁要是能打败项羽,我就把函谷关以东的土地赏给他。"张良说:"大王手下的将领,只有韩信可以独当一面,担此重任。"

**【释义】** 当:担当。一面:一个方面的工作或任务。"独当一面"指一个人担当或领导一个方面的工作。

# 对牛弹琴

古代有个音乐家，叫公明仪。一天，公明仪看到一头老牛在悠闲地啃食青草，便突然兴致大发，想为老牛弹一首曲子。于是，他聚精会神地弹起高雅的清角调的曲子。可是，老牛依旧低头吃着草，对他毫不理睬。

他转而用琴模仿蚊子的叫声和小牛犊的叫声，这时，老牛便开始甩尾巴、竖耳朵，向前走了几步，好像是在听了。原来牛只懂牛语，不懂音乐。

【释义】对：朝着，向着。"对牛弹琴"现在常指彼此无法沟通。

# 对症下药

华佗是东汉末年著名的医学家。有一次,有两个同是头痛发热的病人来找他看病。华佗分别给两人诊了脉,然后开了不同的药方。病人奇怪地问:"我们都是头痛发热,为什么您开的药方不一样呢?"华佗笑着说:"一个是体外没病,体内因伤食得病;另一个是体内没病,体外因感冒而病。病因不一样,治疗也就不一样了。"结果,两人按处方服药,病都好了。人们说,华佗这是"对症下药"。

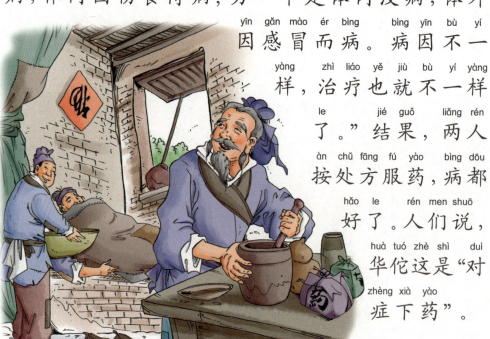

**【释义】** 症:病症,症状。"对症下药"比喻针对客观事物的具体情况,制定解决问题的办法。

# 尔虞我诈

春秋时，楚军攻打宋国，久攻不下。楚军在宋国的都城外建房、种田，表示要长久围困下去，想以此让宋国害怕而投降。

宋国的执政大夫华元鼓励守城的军民宁可战死、饿死，也绝不投降。他还派人去告诉楚军主将："虽然城内粮食物资的供应已经到了万分困难的地步，但是我们绝不屈服。"

最后楚军退后三十里，两国签订盟约，上面写着：和平相处，我不欺骗你，你也不欺骗我。

**【释义】** 虞：欺骗。"尔虞我诈"指你欺骗我，我欺骗你。

# 防微杜渐

东汉和帝时,窦太后把持朝政。她的哥哥窦宪官居大将军,掌握着国家的军政大权。他无恶不作,大臣们都敢怒不敢言,后来,朝中有个叫丁鸿的人,对窦家专权的行为很气愤,决心为国家除掉这一祸害。于是,他借天上的日食现象密奏汉和帝:"只有皇上亲自处理朝政,凶恶刚冒头时就制止它,它的根源才能除去,吉祥的事才会接踵而来。"和帝听了,如梦初醒,撤了窦宪的官。

【释义】微:微小,指事物的苗头。杜:堵塞,杜绝。渐:事物的发展。"防微杜渐"指在错误或危险刚有点儿苗头或征兆时,就加以预防制止,不使它发展。

# 飞蛾投火

南朝梁时，才子到荩是大夫到溉的孙子，梁武帝看了到荩的诗后，就跟到溉开玩笑说："你的文章是孙子代写的吗？"还赐给到溉一首诗："研磨墨以腾文，笔飞毫以书信，如飞蛾之赴火，岂焚身之可吝。必耄年其已及，可假之于少荩。"意思是说：砚台磨出墨汁来写文章，毛笔挥动毫锋来写书信，砚和笔虽磨损也在所不惜，就像飞蛾投火，为照亮他人而焚身。你已经老了，文章可以由孙子来代写了。

【释义】"飞蛾投火"也作"飞蛾扑火"，比喻自取灭亡。

# 分道扬镳

南北朝时,一天,京兆尹元志坐车外出,和御史中尉李彪的马车迎面相遇。照理,元志官职比李彪小,应该给李彪让路,但他一向看不起李彪,偏不让路。于是两人争吵起来,越吵越厉害,谁也不肯给谁让路。后来,他们到孝文帝那里评理。孝文帝说:"这有什么好吵的?以后,你们各走半边路好了。"

于是,他们就照孝文帝的意见,把路面划成两半,从此各走各的一边路,互不相干。

**【释义】**镳:马勒口。扬镳:提起马勒口,驱马前进。"分道扬镳"指分路而行,比喻各奔前程,各干其事。

# 风声鹤唳

东晋时,前秦王苻坚率领大军攻打晋朝。晋帝派名将谢石、谢玄率精兵八万在淝水抗敌。谢玄派人对苻坚说要带兵渡过淝水,同秦军一战决定胜负,所以请秦军暂时后撤。苻坚仗着自己兵多将广,答应了谢玄的要求。可是,秦军后撤,引起军心大乱,晋军乘胜追击,打得敌方溃不成军。失魂落魄的秦兵听到风声和鹤叫,都以为是追兵来了,万分惊慌。就这样,晋军取得了淝水之战的胜利。

**【释义】** 鹤唳:鹤叫。"风声鹤唳"指听到风吹鹤叫就以为敌人来袭,惊恐不安。

# 奉公守法

战国时，赵国的赵奢依据国法，处死了平原君赵胜家拒不交租的管家。平原君很生气。赵奢毫不畏惧，理直气壮地对平原君说："您是赵国的栋梁之材，应该遵守国家法令。而现在您的管家却依靠您的权势，拒不交租。如果百姓都拒不付税，那么天下还会太平吗？如果您能够奉公守法，百姓以您为榜样，天下就会稳定，国家就会富强。"平原君觉得赵奢说得对，认为他是个执法严格的人，就推荐他主管全国的税收。

【释义】奉：奉行。公：公务。守：遵守。"奉公守法"指奉行公事，遵守法令。

# 负荆请罪

战国时,赵国的蔺相如因多次立功,被封为上卿,地位在大将廉颇之上。廉颇很不服气,总想找机会使蔺相如难堪。蔺相如不愿和廉颇发生争执,就尽量避开他。廉颇很得意,以为蔺相如害怕他。有人问蔺相如:"您为什么总是避开廉颇,难道真的怕他吗?"蔺相如说:"我避开他是为了国家的安全,不让敌人有机可乘。"廉颇知道后,非常惭愧,就光着身子,背着荆条,上门请罪。

【释义】负:背着。荆:荆条,古时候用作打人的刑具。"负荆请罪"指背着荆条,向对方请罪。表示认罪,愿受责打。

## 成语故事

# 负隅顽抗
### fù yú wán kàng

古时候,晋国有个猎手叫冯妇,善于与老虎搏斗。后来,他不再打虎,名字也几乎被人们忘掉。有一年,山里有猛虎伤人,几个年轻的猎人联合起来去打老虎。他们追赶老虎,一直追到深山,老虎背靠着一个山势险要的地方,面向众人,大声吼叫。没有一个猎人敢冲上前去。就在这时,冯妇坐车路过这儿。下车后,他挽起袖子与老虎搏斗起来,终于把老虎打死,为民除了害。

**【释义】** 负:依仗,凭借。隅:山势险要的地方。"负隅顽抗"指残敌守住一角或险要之处顽固抵抗,拒不投降。

# 覆水难收

从前有个叫朱买臣的读书人，家境贫寒，他的妻子崔氏不愿跟着丈夫过清苦的生活，就逼迫朱买臣写下休书，并表示，即使朱买臣将来做了高官，自己沦为乞丐，也不会去求他。不久，朱买臣考中进士，做了太守。崔氏跑到朱买臣面前，苦苦哀求他允许自己回到朱家。骑在马上的朱买臣让人端来一盆清水泼在马前，说："若能将泼在地上的水收回盆中，就可以回到朱家。"崔氏闻言，羞愧难当。

【释义】"覆水难收"比喻事情已成定局，无法挽回。

## 成语故事

# 赴汤蹈火

三国时,文学家嵇康和山涛是好朋友。司马氏专权后,嵇康不满司马氏的统治隐居起来,而山涛则在司马氏朝廷中做了官。为此,嵇康给山涛写了一封绝交信,信中表示他蔑视朝廷礼教,就好比擒获的鹿,束缚它,必定狂躁不安。以此表示如果司马氏请他做官,他就会像野性难驯的麋鹿"狂顾顿缨,赴汤蹈火"。表达了嵇康坚决不在司马氏朝廷任职的决心。

【释义】汤:烧开的水。蹈:踩。"赴汤蹈火"指敢于投入沸水,跳进烈火。比喻不避任何艰险。

# 成语故事

## 高山流水

春秋时，俞伯牙擅长弹琴，钟子期善于倾听。俞伯牙弹琴，心里想着高山。钟子期说："好啊！高峻的样子像泰山！"俞伯牙弹琴心里想着流水，钟子期说："好啊！水势浩荡的样子像江河！"俞伯牙激动地说："你真是我的知音啊！"

钟子期去世后，俞伯牙来到他的坟前，弹了一首曲子以悼念知己。曲子弹完后，他在钟子期的坟前把琴摔碎，发誓从此不再弹琴。

【释义】"高山流水"比喻知音或知己，也比喻乐曲高妙精深。

## 成语故事

# 功败垂成
## gōng bài chuí chéng

东晋时,谢玄把前秦的苻坚打败后,又奉命率军北伐,很快就收复了北方很多失地。就在他将要取得全面胜利的时候,孝武帝的兄弟非常妒忌谢玄的功绩,于是要他撤兵返回镇守淮阴。

归途中,谢玄既悲痛又愤恨,积怨成疾,病情一天比一天严重,不久便病死了。谢玄只活了四十六岁,人们叹惜谢玄寿命短促,在大功将要告成时而失败。

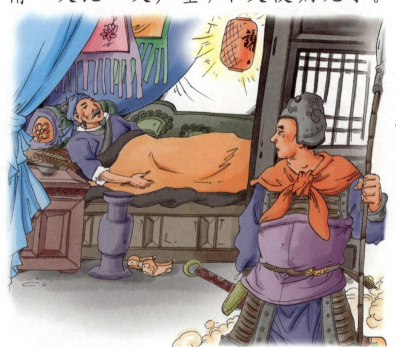

【释义】垂:将近。"功败垂成"指事情快要成功时遭到失败。

# 刮目相看

三国时,东吴大将吕蒙识字不多。吴王孙权启发他,说读书可以获得很大收益,于是吕蒙发愤学习。两年后,大夫鲁肃来拜访吕蒙,与他研讨天下大事时,鲁肃大吃一惊地说:"你如今的才干谋略已经不是当年吴县的吕蒙了!"吕蒙说:"士别三日,即更刮目相待,大兄何见事之晚乎!"意思是读书人分别数日后,就应当用新眼光看待他,兄长你为什么看到事物的变化这么晚呢!

【释义】刮目:擦拭眼睛。"刮目相看"表示去掉老看法。比喻另眼相待。

# 害群之马

传说上古时候,黄帝要去具茨山拜访仙人大隗,请教治理天下的方法。路过襄阳时,黄帝迷路了,就向一个放马的小孩儿打听去具茨山怎么走。小孩儿告诉了他。他又问小孩儿是否知道大隗,小孩儿也告诉了他。黄帝又问他是否知道怎么治理天下。小孩儿说:"治理天下就和放马一样,只要把捣乱的马赶走就可以了。"黄帝听了觉得非常有道理,向小孩儿恭恭敬敬地行了礼,才继续赶路。

【释义】害:危害。群:集体。"害群之马"指危害马群的坏马。现比喻危害集体的人。

# 邯郸学步

相传战国时,燕国的一个年轻人听说赵国邯郸人走路姿势很美,就赶到邯郸来学走路。

他每天都在邯郸的大街上观察人们走路的姿势,一会儿学学这个人走路,一会儿学学那个人走路,可是始终也没学会。他认为是受原来走路习惯影响的缘故,于是就放弃原先的走法,重新学习走路。但他越学越糟糕,不但没学会邯郸人走路,反倒连原先的步法也忘了,只好爬着回国。

【释义】邯郸:地名,在今河北省。"邯郸学步"比喻模仿人不到家,反而把自己原来的东西忘了。

# 含沙射影

传说古时候，有一种叫"蜮"的动物。平时"蜮"躲在水里，发现有人来，就会用嘴里含着的沙子喷射人的影子，被射中的人就会生病。病情较轻的人抽筋、头痛、发烧；病情较重的人则会很快痛苦地死去。

唐朝大诗人白居易根据这个传说写了一首诗，其中有这样两句："含沙射人影，虽病人不知。"意思是"蜮"含着沙子射向人的影子，人得了病自己还不知道呢。

【释义】"含沙射影"比喻暗中攻击他人、陷害他人。现在也用这则成语表示影射别人。

# 成语故事

## 鹤立鸡群

嵇绍是魏晋时"竹林七贤"之一嵇康的儿子,他和父亲一样,长得英俊魁伟,仪表出众。有一次,嵇绍跟随晋惠帝出兵汤阳,不幸阵亡。嵇绍在世时,有人对"竹林七贤"之一的王戎说:"昨天在众人中见到嵇绍,气宇轩昂,如同野鹤立鸡群之中。"意思是说嵇绍在人群中气度不凡,就像一只仙鹤站立在鸡群里一样引人注目。

【释义】"鹤立鸡群"指像仙鹤站立在鸡群之中。比喻一个人的身材仪表或才能超出一般人。

# 鸿鹄之志

秦朝末年，老百姓生活在水深火热之中。农民起义军领袖陈胜虽然出身贫贱，但从小就有远大的志向。

一天，陈胜和其他雇工一起在地里耕田。休息时，他对大家说："如果我们当中将来谁富贵了，别忘记大家。"大家都笑了起来，说："你还在替人耕田，哪来的富贵？"陈胜叹息说："唉！燕雀焉知鸿鹄之志哉？"意思是燕雀怎么能知道天鹅的志向呢？

**【释义】** 鸿鹄：天鹅，因飞得很高常被用来比喻有远大志向的人。"鸿鹄之志"比喻远大的志向。

# 狐假虎威

战国时，楚宣王听说北方各国都惧怕楚国大将昭奚恤，就问大臣们是怎么回事。一个叫江乙的大臣给楚王讲了一个故事："老虎抓到一只狐狸，可是狐狸告诉它自己是天帝派来的百兽之王，不信可以跟着它走走看。于是老虎跟在狐狸的后面走，果然发现野兽们见到它们都没命地逃。老虎相信了狐狸的话，就放了它。"江乙讲完说："其实，北方各国怕的不是昭奚恤，而是怕楚王的军队啊。"

【释义】假：借用，凭借。"狐假虎威"比喻仰仗别人的权势欺压他人。

## 成语故事

# 画饼充饥
### huà bǐng chōng jī

三国时,魏明帝曹叡非常宠信大臣卢毓。一次,曹叡想让卢毓推荐一个人做"中书郎",并叮嘱他说:"千万不要推荐那些只有虚名的人,名声就好比画在地上的饼,只能看,不能吃。"卢毓则认为凭借名声还是可以选拔出通常所说的人才的,但还要对他们进行实际考核,看他们是不是有真才实学。他说服曹叡接受了自己的观点,并在选拔人才的过程中做到了既考察德行,又考核才能。

**【释义】**"画饼充饥"比喻借空想来安慰自己。

# 画龙点睛

张僧繇是南北朝时的著名画家。传说他曾给金陵（今江苏南京）的安乐寺作过壁画。当时，他在墙壁上画了四条龙。这四条龙画得活灵活现，呼之欲出，然而美中不足的是四条龙都没有画上眼睛。人们便问他其中的缘由。张僧繇说只要一画上眼睛，龙就会飞走。人们不信，坚持让他给龙画上眼睛。张僧繇无奈，就提笔给其中的两条龙画上了眼睛，笔刚落下，那两条龙就震裂墙壁，冲天而去。

**【释义】** 睛：眼睛。"画龙点睛"指给画好的龙点上眼睛。比喻说话、作文，在关键处用一两句话点明要旨，使内容更加精辟、生动。

# 画蛇添足

战国时,有个祠堂的主人赐给随从们一壶酒。有个人说:"这么多人喝一壶酒,有点儿不够,一个人喝又太多,不如来个画蛇比赛,先画好的人先喝。"大家都同意了。有一个人先画好了蛇,看其他人还没画好,就说:"我还能给蛇画上脚呢。"于是,又继续给蛇画脚,还没等他画完,另一个人也画好了,那人说:"蛇本来没有脚,你怎么能给它画上脚呢!"说完,就大口大口地喝起酒来。

【释义】足:脚。"画蛇添足"比喻做多余的事,反而不恰当。

# 讳疾忌医

战国时,名医扁鹊见蔡桓公的气色不对,就劝他赶快医治。蔡桓公根本不理会他说的话。十天后,扁鹊见到蔡桓公又说:"您的病已经发展到肌肉血脉了,再不治疗就来不及了。"蔡桓公仍然不理会。又过了十天,扁鹊说:"您的病已经进入肠胃,不治就晚了。"蔡桓公还是不理会。又过了十天,扁鹊远远地看到蔡桓公,发现他的病已经深入骨髓,无药可救,转身就跑。几天之后,蔡桓公就死了。

**【释义】** 讳:隐瞒。疾:病。忌:怕。"讳疾忌医"指隐瞒疾病,害怕医生诊断治疗。比喻掩饰缺点、错误,害怕别人批评指正。

# 机不可失

唐朝初年,高祖李渊为了平定天下,任命将军李靖为行军总管,统率大队兵马去攻打蜀郡的萧铣。蜀郡有长江三峡为天堑,易守难攻。李靖率领军队经过长途跋涉,来到长江边,只见江水泛滥,三峡险峻。他面对滔滔江水,语气坚定地说:"现在一定要渡过江去,打他个措手不及!要知道,兵贵神速,机不可失。"将领们听了这席话,各个奋勇争先,直逼蜀郡。

【释义】机:时机。失:丧失,失掉。"机不可失"指机会不可错过。

# 鸡鸣狗盗

战国时,齐国的孟尝君应邀前往秦国访问,不料被秦昭王软禁。孟尝君有一个门客在夜里装扮成一条狗,偷出孟尝君送给秦昭王的狐皮袍子,转送给秦昭王的宠妃。宠妃替孟尝君说了很多好话,孟尝君才被释放。孟尝君连夜逃到函谷关,只见关门紧闭,只有到了鸡叫时分关门才会开。他的另一个门客就学公鸡叫,引起群鸡齐鸣。守关的人以为天亮了,就打开了关门。孟尝君终于逃回齐国。

【释义】"鸡鸣狗盗"指装鸡叫哄人,装狗进行偷盗。后指卑微的技能或具有这种技能的人。

# 见利忘义

西汉时,刘邦死后,大权落在吕后手里,吕后安排吕产、吕禄掌握国家大权,朝中大臣都敢怒不敢言。吕后死后,老臣周勃和丞相陈平定下计策:请老丞相郦商的儿子郦寄出面约他的好朋友吕禄外出打猎,借机杀掉吕禄。为此,郦寄被封为大将军。

有人认为郦寄出卖了朋友,但《汉书》作者班固认为:出卖朋友的人,应该是见利忘义的人;而郦寄为的是国家的安定,无可指责。

【释义】利:私利。义:道义。"见利忘义"指看到有利可图,就忘掉了道义。

# 见异思迁

齐桓公是春秋时的第一位霸主,他任命管仲为相国进行改革。有一次,齐桓公问管仲:"怎样才能安定民众,使大家做好本职工作?"管仲回答说:"让民众按行业居住,相互交流,他们就会安于本行业。思想安定了,就不会见异思迁。"齐桓公认为管仲说得很有道理,就采纳了他的意见。齐桓公就这样依靠管仲整顿国政,数年之间,齐国就国富民强了。

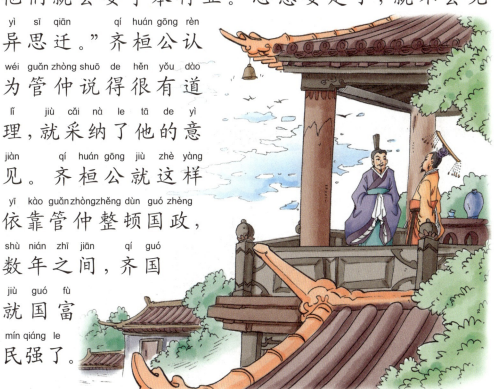

【释义】迁:改变。"见异思迁"指看到别的事物就改变原来的主意。形容意志不坚定,喜好不专一。

## 江郎才尽

文学家江淹是南北朝时梁人,文章写得特别好。可年纪大些时,他文思变差了,半天也写不出几个字。这究竟是怎么回事呢?传说有一次,江淹睡午觉时,梦见一个自称郭璞的人对他说:"我有一支笔在你那儿已经很多年了,现在应该还给我了。"江淹听后,就顺手从怀里取出一支五色笔还给了他。从此以后,江淹就文思枯竭,再也写不出什么好文章。因此,世人都说他"江郎才尽"了。

【释义】才:才华,才能。"江郎才尽"比喻人的文思减退或作不出诗文。

# 骄兵必败

西汉时,车师王投降汉朝。匈奴单于怕受汉军威胁,就派兵袭击车师国。汉军大将郑吉前去救援,反而被围困。汉宣帝得知情况后,立即召集群臣商议。有人主张派兵增援,丞相魏相却极力反对。他说:"如果我们仗着国大人多而出兵攻打别人,炫耀武力,这样的军队就是骄横的军队。而骄横的军队一定会失败的。"汉宣帝觉得魏相说得有道理,就没有出兵攻打匈奴。

【释义】骄:骄傲。"骄兵必败"指骄傲轻敌的军队必定失败。

# 成语故事

## 狡兔三窟 (jiǎo tù sān kū)

冯谖是战国时齐国相国孟尝君的门客，他既有远见又有智慧。一次，孟尝君派他到薛地收债，并叮嘱他买些相府里没有的东西回来。冯谖却免除了薛地百姓的债务，说是为孟尝君买回了"义"。后来，当孟尝君被齐王免职回到薛地，受到百姓的欢迎时，他才明白冯谖的苦心。冯谖说："狡猾的兔子有三个藏身的洞穴，才能免除一死。"后来，在冯谖的帮助下，孟尝君官复原职，而且做了几十年的相国。

【释义】"狡兔三窟"比喻藏身的地方多，便于避免灾祸。

# 嗟来之食

战国时,有一年齐国发生了很大的灾荒。一个叫黔敖的人在路边准备了食物,发给灾民吃。这时走过来一个灾民,只见他用衣袖挡着脸,拖着鞋子,晃晃悠悠的,好像饿了很长时间。黔敖见了,就左手拿着吃的、右手提着喝的对他喊:"喂,来吃吧!"那个人气愤地说:"我就是因为不接受这么不礼貌的施舍,才弄成现在这个样子。"他拒绝了黔敖的施舍,最后因为不吃东西而饿死了。

**【释义】**嗟来:叹词。无礼的吆喝声。"嗟来之食"比喻带有侮辱性的施舍。

# 噤若寒蝉

东汉时，杜密为官清正，执法严明，对宦官和豪强子弟有恶必罚，有罪必惩。后来，杜密被革职，回家后仍然关心国家大事。

同郡的刘胜也是回乡的官员，但他对一切都不关心。太守王昱对杜密说："刘胜很清高，公卿几次推举他任职，他都拒绝了。"杜密说："刘胜不推荐好人，不指责坏人，只求保全自己，像冷天的蝉一样不作声，这实际上是社会的罪人。"

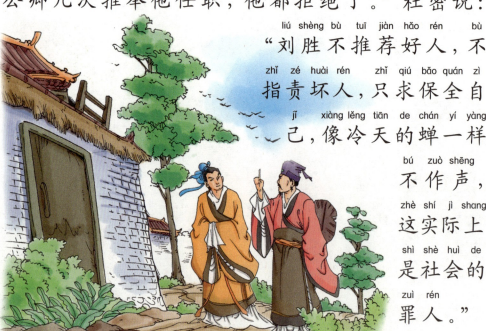

**【释义】**噤：闭口不作声。寒蝉：深秋的知了。"噤若寒蝉"形容一声不响，不敢说话。

# 惊弓之鸟

从前,魏国有一个神箭手,名叫更赢。一天,他和魏王一起散步。这时,一只孤雁叫着从东方飞来。更赢对魏王说:"我只用弓,不用箭,就能使这只雁从天上掉下来。"只见更赢朝天扳了一下弓的空弦,这只雁就应声掉了下来。魏王说:"这是怎么回事?"更赢告诉他说:"这是一只受过箭伤的雁,恐慌的心理还没消失,一听弓弦响,就使劲儿高飞,结果伤口破裂,就掉了下来。"

【释义】"惊弓之鸟"指被弓箭吓怕了的鸟。比喻受过惊吓的人,遇到一点儿动静就异常惶恐。

# 精卫填海

传说太阳神炎帝的小女儿叫女娃,是个天真美丽的姑娘。有一天,她去东海游玩儿,不幸淹死了。女娃死后化为一只小鸟。这只小鸟头上带有漂亮的花纹,嘴是白的,腿是红的,长得非常好看。因为它鸣叫的声音很像"精卫、精卫",所以人们就叫它"精卫鸟"。

精卫鸟为了报仇,决心把东海填平。它每天都飞到西山去衔石头和树枝,然后投进东海里,年复一年,从未停止。

【释义】"精卫填海"比喻矢志不移,努力不懈。

# 井底之蛙

在一口井里，住着一只青蛙。有一天，它遇见一只东海来的大海龟。青蛙对海龟夸耀在水井里的自在快乐。海龟对青蛙说："你看见过大海吗？大海无边无际，深不可测。就算连续几年干旱也不会使海水减少，连续几年洪涝也不会使海水增多。在大海里生活才是真正的快乐呢。"青蛙听了海龟的话才意识到自己的见识是那么短浅。

【释义】蛙：青蛙。"井底之蛙"比喻那些见识狭窄、目光短浅而又盲目自大的人。

# 九牛一毛

西汉名将李陵被迫投降匈奴后,司马迁因替李陵辩护而得罪了汉武帝,廷尉杜周为了迎合皇帝,说司马迁有诬陷皇帝之罪。结果,司马迁被处以残酷的"腐刑"。他本想自杀,但冷静下来转念一想:像我这种身份卑微的人,如果这样死了,在许多大富大贵的人眼中,就像从九头牛身上拔下一根毛一样,微不足道。于是,他就坚强地活下来,忍辱负重,写成了流传千古的著作——《史记》。

【释义】"九牛一毛"指从九头牛身上拔下一根毛来。比喻数量极其微小,微不足道。

## 开诚布公

诸葛亮是蜀国丞相,刘备死后,他帮助平庸的后主刘禅治理国家。诸葛亮待人处事坦白无私,诚恳公正。马谡是他非常看重的一位将军,在攻打魏国时当先锋。因为马谡轻敌,致使街亭失守,诸葛亮严守军令状规定,忍痛杀了他,自己也承担了街亭失守的责任,由丞相降为右将军。公元234年,诸葛亮病死在军中。他一生清贫,没给后代留下任何财产。后人评价诸葛亮"开诚心,布公道。"

【释义】开诚:敞开诚心。布:宣布。"开诚布公"指态度诚恳,坦白无私。

# 开天辟地

传说,世界的开创者盘古在一个天地合一的"鸡蛋"里生长。他在这个"鸡蛋"里一睡就是一万八千年。有一天,盘古从睡梦中惊醒,发现眼前漆黑一片,于是,他挥动双臂,"鸡蛋"被顶破了,只见里面轻而清的东西上升变成了天,重而浊的东西下降变成了地。为了不让天和地合在一起,盘古头顶天,脚撑地,使天不断升高,地不断加厚。盘古因劳累而死,而他的身体却化成了世界上的万物。

【释义】"开天辟地"表示有史以来或比喻创立伟大的事业。

# 克己奉公

东汉初年,有个官员叫祭遵,他对自己严格要求,生活十分俭朴。一次,皇宫里的人犯法,祭遵要处死那人。光武帝很不高兴,要治祭遵的罪。一个大臣劝光武帝说:"严明军令,本来就是陛下的要求。如今祭遵坚守法令,做得很对。只有像他这样言行一致,号令三军时才有威信啊!"光武帝觉得有道理,不但没有治祭遵的罪,还封他为颍阳侯。祭遵死后,光武帝仍对他克己奉公的精神十分怀念。

【释义】克己:约束自己。奉公:以公事为重。"克己奉公"指处处严格要求自己,一心为公。

## 成语故事

# 刻舟求剑 (kè zhōu qiú jiàn)

战国时,楚国有一个人乘船渡江,船开到江心的时候,他身上的佩剑突然掉到了水里。他马上在剑落下去的船舷上刻下了一个记号,还自言自语地说:"我的剑就是从这个地方掉下去的。"船靠岸后,这个人从刻着记号的地方跳下水,去捞宝剑,可是他始终也没能捞到。别人听说这件事后都笑话他愚蠢。

**【释义】** 刻:作记号。"刻舟求剑"比喻做事拘泥固执,不知变通。

# 空中楼阁

从前,有个财主到邻村的一个财主家去做客。他看到一幢三层高的新楼,既宽敞又明亮,十分羡慕,自己也非常想有一幢这样的楼阁。于是,他就叫工匠来建造。有一天,财主来到工地,对工匠们说:"我只要上面第三层,下面那两层我不要,快拆掉。"工匠们听了哈哈大笑,说:"这样的楼阁,我们不会建造,您还是自己动手造吧!"只要上面一层,不要下面两层,再高明的工匠也造不出来。

【释义】空:天空。"空中楼阁"指悬在空中的楼阁。比喻脱离实际的幻想或虚幻的事物。

# 口蜜腹剑

唐玄宗时,宰相李林甫为人阴险歹毒。朝里的大臣,无论是谁,只要才能、威望、功劳有一方面比他强,或被皇帝器重,他就会把对方除掉。李林甫平时与人交往时,表面总用甜言蜜语哄骗对方,等骗得对方的知心话后,就马上到皇帝那里告发。当时人们都说他"口有蜜,腹有剑",对他非常痛恨。后来,由于朝廷矛盾重重,国内战乱频繁,他的心计用尽,忧愁而死。

【释义】"口蜜腹剑"形容人表面友善,内心却歹毒、阴险。

# 滥竽充数

战国时,齐宣王很喜欢听人吹竽,而且喜欢很多人一起吹,因此养了一支三百人的吹竽队。有一个叫南郭的人并不会吹竽,却也混在这三百人里装模作样地跟着吹,享受着丰厚的待遇,竟然好几年没被发现。

后来,齐泯王即位。他也很喜欢听吹竽,但他喜欢一个人一个人地吹,于是就叫三百人一个一个地分别吹。

南郭先生知道自己再也混不下去了,就丢下竽,悄悄地溜走了。

【释义】滥:不切合实际,引申为蒙混。竽:古代乐器名。"滥竽充数"比喻不称职的人占据职位凑数。

# 狼狈为奸

狼和狈是两种野兽,它们的外形十分相似。唯一不同的是:狼的前腿长,后腿短;狈则前腿短,后腿长。狈每次出去都必须依靠狼。有一次,狼和狈走到一个羊圈外面,虽然里面有许多只羊,但是羊圈既高又坚固。于是,狼骑在狈的脖子上,狈直立起来,把狼驮得很高,然后,狼就攀住羊圈,把羊叼走。狼和狈经常合伙伤害牲畜,因而被人们骂作"狼狈为奸"。

【释义】"狼狈为奸"比喻坏人勾结在一起干坏事。

# 老当益壮

东汉名将马援为人正直、热心。有一次,他押送犯人到京城去。因可怜犯人就放了他们,自己也逃到北方去了。后来,朝廷大赦,不再追究以前的事情。于是,马援搞起畜牧业。几年的工夫,他就非常富裕了。可是,他对生活并不满足,他说:"做个大丈夫,要'穷且益坚,老当益壮'才行。"意思是越穷困,志向越要坚定;越年老,志气越要豪壮。后来,马援成为东汉有名的将领,立下了很多战功。

【释义】当:应当。益:更加。壮:豪壮,旺盛。"老当益壮"指人虽年纪老了,但志气应当更加豪壮。

## 成语故事

# 老马识途

春秋时，齐桓公率领军队去攻打一个叫孤竹的小国。军队春天出发，打了一年的仗，冬天才班师回来。在回来的途中，军队迷了路，在大山里绕了好多天也转不出来。将士们都忧心忡忡。相国管仲想出一个好主意。他说老马认得回去的路，应该利用一下它们的这个特点。于是，士兵们放开老马，老马果然将迷路的军队带出山谷。将士们找到了出山的路，连连夸奖："真是老马识途呀。"

【释义】途：道路。"老马识途"常用来比喻富有经验的人能在工作中起引导作用。

# 乐不思蜀

三国时,蜀后主刘禅懦弱无能,魏灭蜀后,把持魏国大权的司马昭把刘禅召到洛阳,封为"安乐公"。司马昭设宴款待他。宴席上先表演魏国歌舞,原蜀国的官员都觉得难堪,只有刘禅一个人看得高兴。等到表演蜀国歌舞时,蜀国官员看了都泪流满面,而刘禅却毫不在意,照常说笑。司马昭问他想念蜀国吗?刘禅回答:"这里很快乐,不想蜀国了。"蜀国官员听了,更加伤心了。

【释义】蜀:三国时的蜀国。"乐不思蜀"原指快乐得不再想念蜀地。后来指在新环境中找到乐趣,不再想原来的环境了。

# 乐极生悲

战国时,齐威王贪图玩乐,经常误事。一次,楚国来进攻,齐威王派大臣淳于髡到赵国求救。淳于髡凭口才请来赵国救兵解围,于是齐威王赏淳于髡酒喝,淳于髡趁机对齐威王说:"喝酒到了极点,就会酒醉而乱了礼节;人如果快乐到了极点,就可能要发生悲伤之事。做任何事都是一样,超过一定限度,就会走向反面了。"齐威王听后,觉得很有道理,于是改掉了贪图玩乐的恶习。

【释义】"乐极生悲"指快乐到了极点就会发生悲伤的事情。

# 力不从心

东汉时，班超出使西域，功劳很大。他在西域度过了三十多个年头，快七十岁的时候，感到自己年老多病，加上思念家乡，就上书汉和帝，要求回乡。但许久不见音信。

他的妹妹班昭也向汉和帝说："班超年老体弱，如有突发事件，气力不能顺从他的心愿了，这样，对上会损害国家的长治之功，对下会毁坏忠臣好不容易取得的成果，实在令人痛心呀！"

汉和帝被感动，于是召回了班超。

【释义】"力不从心"指心里想做某事而力量办不到，即心有余而力不足的意思。

# 梁上君子

东汉时,陈寔曾做过颍川县令。一年,粮食欠收,县里出现了盗贼。一天夜里,小偷到陈寔家偷东西,躲在了房梁上。陈寔发现了他,就把子孙们叫到一起,对他们说:"做人一定要严格约束自己。坏人生来不一定就坏,是因为染上恶习不加以改正才变坏的。就像这房梁上的人一样。"小偷听了,非常羞愧,急忙爬下来认罪。陈寔语重心长地教育了他。从此,那个人再也没做过偷盗的事。

【释义】梁:房梁。"梁上君子"用以做盗贼的代称。

# 两袖清风

于谦是明朝的清官,他反对进京见皇帝时带贡品。一次,他巡查河南后回京,什么都没带。同僚们说:"你应该带些土特产回来!"于谦举起两袖说:"带有清风!"他还写诗道:"绢帕蘑菇与线香,本资民用反为殃。清风两袖朝天去,免得闾阎话短长。"意思是:当地土特产都是百姓的依靠,搜刮这些东西会使百姓遭殃。自己回京,什么都不带,只有两只袖筒里的清风。这样,老百姓就不会议论长短。

【释义】袖:衣袖。"两袖清风"比喻做官廉洁,没有积蓄钱财。

# 量力而行

春秋时,许国是个弱小的诸侯国。有一年,郑庄公以许庄公不听周天子的命令为借口,联合鲁国和齐国,攻破了许国都城,许庄公逃往卫国。郑庄公见许国已经降服,就没有吞并许国,而是将许国分成东西两块,东边由许庄公之弟许叔管辖,西边交大夫公孙获管辖。他还把许庄公请回来继续做国君。

人们说:"郑庄公量力而行,真是一个知礼和有道德的人。"

【释义】量:估量。"量力而行"原指按照自己的实际能力去做事。形容不要超过力所能及的范围去做事。

## 成语故事

# 柳暗花明
## liǔ àn huā míng

南宋诗人陆游被免职后,闲居家乡山阴。有一天,陆游独自一人去西山游玩。经过一山又一山,终于来到一个花红柳绿的小村庄。回家后,陆游就作诗《游山西村》,其中有一句是:"山重水复疑无路,柳暗花明又一村。"意思是:在山重水复之间以为无路可走,但忽然发现了一个柳树浓绿、花丛明丽的小村庄。

【释义】暗:指树荫蔽日。明:明丽。"柳暗花明"指绿柳成荫,繁华如锦。也比喻又是一番情景或进入一种新的境界。

## 洛阳纸贵

西晋文学家左思出身贫寒,讲话口吃。但是,他的文章写得好。左思在京城洛阳做官时,计划写《三都赋》。当时,大文豪陆机也想写《三都赋》。左思为了写好《三都赋》,收集了大量历史、地理等资料,经过十年努力,终于写成《三都赋》,并得到著名学者的赏识。陆机看过后,断定自己怎么写也不会超过左思。由于《三都赋》写得实在太好了,大家都争相买纸传抄,结果使得洛阳的纸价大涨。

**【释义】** 洛阳:西晋等朝代的国都,后也用为京城的代称。"洛阳纸贵"指京城里的纸都涨价了。形容文章写得好,传抄的人很多。

# 买椟还珠

春秋时，有一个楚国商人得到一颗贵重的珍珠，于是就带着这颗珍珠到郑国去卖，为了能卖出大价钱，他把装珍珠的匣子用肉桂、花椒等香料熏染，用珍珠和宝石环绕棱角，用美玉来装饰，用翠鸟的羽毛来点缀，做得非常华丽。有个郑国人看到这个匣子很漂亮，不惜花了很多钱买下匣子，临走时却将匣子打开，把珍珠取出来还给了楚国商人，只拿着匣子扬长而去。

【释义】椟：木匣子。"买椟还珠"把装珍珠的木匣买下，却把匣子里的珍珠退还卖者。比喻舍本逐末，取舍不当。

# 满城风雨

宋朝有位诗人叫潘大临,虽然家境贫寒,但勤奋好学,曾写过不少好诗。有一年秋天,他的朋友来信问:"最近写新诗了吗?"潘大临回信说:"昨日,我正躺在床上倾听树林中的风雨声,顿时来了灵感,于是就伏案写诗。可是,当我刚写完诗的第一句'满城风雨近重阳'时,一个催税的人突然闯了进来。我的诗兴顿时被破坏,再也写不下去。现在,只好将这一句寄给你了。"

**【释义】** "满城风雨"原指城内处处风雨交加的深秋景色。后比喻某事很快风传开来,人们议论纷纷。

# 盲人摸象

古时候,有个国王叫来许多盲人。国王问盲人:"你们见过大象吗?"盲人们都说:"已经见过了。"国王又问:"大象长的什么样啊?"摸过象牙的盲人说像萝卜。摸过象耳朵的盲人说像簸箕。摸过象腿的盲人说像根柱子。摸过象背的盲人说像堵墙。几个盲人都认为自己说得有理,就争吵起来。国王说:"不要吵了,你们都没有见过象的全身就说自己是对的,太片面了。"

【释义】"盲人摸象"比喻对事物只凭片面的了解或局部的经验就乱加猜测。

# 毛遂自荐

战国时,秦国包围了赵国都城邯郸,赵王派平原君到楚国去搬救兵。平原君把门客召集起来,想挑选20个文武双全的人一起去。门客毛遂自我推荐,说:"我算一个吧!我既然推荐自己,自然会显露才华。"于是平原君带着他前往楚国。平原君和楚王谈判时,楚王不想出兵相助。这时,毛遂运用他的口才和勇气说服楚王出兵,解除了邯郸危机。

【释义】毛遂:战国时赵国公子平原君的门客。荐:介绍,推举。"毛遂自荐"比喻自告奋勇,自我推荐。

# 门可罗雀

汉朝时,翟公曾经当过廷尉,他当官的时候,来拜访的人很多,家里很热闹。后来,被罢官后,就没有宾客拜访了。门庭冷落,出入的人很少,门口鸟雀成群,简直可以摆网捕鸟。过了一段时间,翟公官复原职。那些宾客又纷纷登门来拜访。翟公感叹之余,在门上写了几句话,其中有:"一生一死,乃知交情;一贫一富,乃知交态;一贵一贱,交情乃见。"

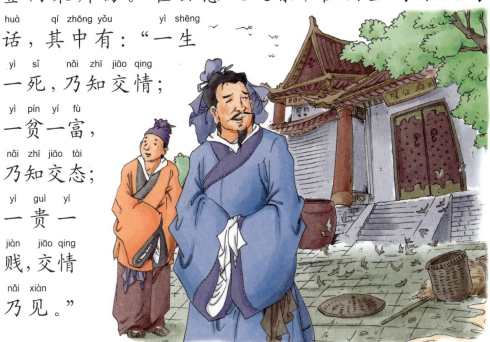

【释义】罗:张网捕捉。"门可罗雀"形容门庭冷落,没有宾客来访。

# 门庭若市
## mén tíng ruò shì

徐公和邹忌都是齐国的美男子。邹忌问妻子、爱妾和客人，自己和徐公谁美，大家都说他美。当邹忌看见徐公后，发现徐公更美。他明白了，原来妻子偏爱他，妾惧怕他，客人有求于他，所以才说他比徐公美。邹忌对齐威王说："我只是一个官员，大家都如此恭维我，您是一国之君，想恭维您的人一定很多。"齐威王听了，下令重赏敢于进谏的人。于是，人们都来进谏，门口热闹得好像集市一样。

**【释义】** 庭：庭院。市：集市。"门庭若市"形容上门拜访的人很多。

# 明察秋毫

战国时,齐宣王看到有人杀牛,很不忍心。孟子见了说:"你不忍心杀一头牛,而用一只羊来代替,这样的善心就足以统一天下了。但是,杀一头牛和杀一只羊,又有什么不同呢?"孟子又说:"如果有人说,他的眼睛可以看得见秋天鸟兽身上的细毛,但看不见满车的木柴,你信吗?"宣王说:"不信。"孟子又说:"你关心牛,但不关心百姓。这说明你可以施行仁政,但没去做。"

**【释义】** 秋毫:鸟兽在秋天新长出的细毛,比喻极微小的东西。"明察秋毫"指能敏锐地看见极微小的事物,形容目光极为敏锐。

# 成语故事

## 明哲保身

周朝时,仲山甫和尹吉甫都曾为周室中兴立下汗马功劳。当时,西北方的一些部族经常进犯周朝的领地。周宣王派仲山甫和尹吉甫一起去征讨,终于保障了边境的安全。

后来,周宣王为了防御西北各部族的进攻,派仲山甫到齐地去筑城。尹吉甫就作了一首诗赠给仲山甫,诗中写道:"既明且哲,以保其身;夙夜匪懈,以事一人。"意思是:仲山甫能明晓事理,保全自身;日夜操劳,侍奉君王。

【释义】明哲:深明事理,明智。"明哲保身"原指深明事理的人能保全自己。现指怕犯错误,不坚持原则,与世无争,只顾保全自己。

# 明珠暗投

西汉时,邹阳很有才华。他做梁孝王门客的时候,因受人陷害而被抓了起来。邹阳心怀愤恨,给梁孝王写了一封信。信中说:"世间最宝贵的明月珠、夜光璧如果被人随便扔在路上,人们不但不把它们当作珍宝,反而会执剑相对;而对用木头做成的车子,只因有人在上面刻了花纹就倍加珍惜。可见,人即使有才能、胆略和忠诚,也会因为没人举荐而被埋没。"梁孝王看后很受感动,将他奉为上宾。

【释义】"明珠暗投"比喻怀才不遇或好人失足参加坏集团,也泛指珍贵的东西得不到赏识。

# 名正言顺

春秋时，鲁定公没有按照礼法行事，鲁国的风气变了样，于是孔子就带着学生离开鲁国，来到卫国。这时，学生子路问孔子："如果卫灵公请你治理国政，你会怎么做？"

孔子说："先正名分。"子路问："老师，名分有什么好正的？"孔子说："因为名不正，就言不顺。道理讲不通，事情也就办不成，国家的礼乐教化也兴办不起来，刑法也不会得当；刑法不得当，老百姓就不知如何是好，所以要先正名分。"

【释义】"名正言顺"多用来指做事、讲话理由正当而充分，言语要顺理成章。

# 磨杵成针

唐代著名的大诗人李白天姿聪颖,但小时候却不怎么用功读书。

一次,他看见一位白发苍苍的老婆婆拿着一根大铁棒在石头上磨着。李白非常奇怪,就问老婆婆在做什么。老婆婆说是要把它磨成一根缝衣针。李白问:"那么粗的铁棒能磨成针吗?"老婆婆说:"只要用心就能磨成。"李白从老婆婆的话中受到启发,从此开始发愤读书,后来终于成为著名的大诗人。

【释义】杵:铁棒。"磨杵成针"比喻只要有恒心,做事就能成功。

## 南辕北辙

战国时,魏王想攻打赵国,大夫季梁听说后马上赶来劝谏魏王。他说:"我在太行山下看见一个人赶着一辆车往北走,但他却告诉我要到南方的楚国去。我告诉他要去楚国应该向南走,不应该向北走。那人却说他的马跑得快,路费也很充足,替他赶车的人技术也很出色。事实上,他的条件再好,也只能是离楚国越来越远。这跟您想通过扩张而建立霸业是一样的。越这样,离您的目标就越远。"

【释义】辕:车前驾牲口的两根直木。辙:车轮滚压出的痕迹。"南辕北辙"比喻所采取的行动和要达到的目的正好相反。

# 鸟尽弓藏

越国灭掉吴国后,越王勾践想立范蠡为上将军。范蠡深知勾践的为人,不愿接受官职,借故跑到齐国去了。不久,范蠡给大夫文种写了一封信,说越王这个人心胸狭隘,只可同患难,却不可共富贵。现在越国强盛了,就好像鸟和兔子死光了,猎人就用不着弓箭和猎狗一样,可以杀狗吃肉了。越王不再需要我们,你赶快想办法离开越王吧,以免受害。文种没有听范蠡的劝告,后来被越王勾践逼死。

【释义】"鸟尽弓藏"比喻事情办完后,就把曾经有贡献的人杀死或一脚踢开。

## 弄巧成拙

北宋时,画家孙知微善于画人物,他笔下的人物各个都生动传神,栩栩如生。一次,他为成都寿宁寺画一幅《九曜图》。勾拟好草图之后,孙知微有事外出,就把着色的任务交给了徒弟去做。上色的时候,徒弟发现菩萨的侍童手中拿着一个空的水晶瓶,就自作主张在这个水晶瓶口画了一朵红莲。孙知微看到后哭笑不得,原来那个水晶瓶是菩萨镇魔的宝贝。如果添上花,就变成普通的花瓶了。

【释义】"弄巧成拙"指本想耍聪明,结果反而做了蠢事。

# 怒发冲冠

战国时,赵国的惠文王得到一块宝玉和氏璧。秦昭襄王知道后,就骗赵王说,愿以十五座城池来换取赵国的和氏璧。赵王与大臣们商议之后,决定由蔺相如带着和氏璧去秦国换取城池。秦王得到这块玉璧后,却不想交付城池。蔺相如极度愤怒,头发直竖,顶起帽子,激昂地说:"如果你逼迫我,我情愿把自己的头和玉璧一起撞碎在柱子上!"秦王怕蔺相如说到做到,只好按照礼仪送蔺相如回国。

【释义】怒:愤怒。"怒发冲冠"指气得头发直竖,简直把帽子顶起来了。形容愤怒到了极点。

# 呕心沥血

李贺是唐朝著名的诗人,他几乎把自己的全部心血都用在了写诗上。他注意在生活中发掘素材,积累灵感。他每天骑驴出去,让书童背着口袋跟着。灵感来了,就写成诗丢进口袋里,回家再整理。有时,一天下来收获很大,装书稿的口袋鼓鼓的;有时却绞尽脑汁,也没有写出好的诗句来。每当发现口袋里书稿很多时,母亲就爱怜地叹息说:"这孩子简直要把心都呕出来了。"

【释义】沥:滴。"呕心沥血"形容费尽心思。

# 抛砖引玉

唐朝时,诗人常建很钦佩诗人赵嘏的才华,一直想得到他的诗。一天,常建听说赵嘏要去灵岩寺游玩儿,就先到寺里,在墙上题了两句诗。赵嘏看到墙上写的诗句后,果然诗兴大发,马上顺手续了两句,而且比常建的前两句更精彩。常建的诗虽然没有赵嘏的好,但他以自己的诗引出了赵嘏的美妙诗句,人们就说,常建这是采用了"抛砖引玉"的办法。

**【释义】** "抛砖引玉"比喻用自己粗浅的、不成熟的意见或文章,引出别人高明或成熟的意见或作品。

# 成语故事

## 披荆斩棘

冯异是东汉初年著名的军事将领，因战功赫赫，成为东汉的开国功臣之一。

有一次，冯异觐见光武帝刘秀。刘秀隆重地接待了他，并在满朝文武面前说："他在我起兵的时候就跟随我，为我在创业道路上劈开丛生的荆棘，扫除重重障碍，平定关中广大地区，他的功劳是很大的。"仪式结束后，刘秀赏赐给冯异很多金银财宝。由于冯异谦虚好学，所以深得人们的敬仰。

【释义】披：分开。斩：砍。棘：丛生多刺的植物。"披荆斩棘"形容扫除前进道路上的障碍，或克服创业过程中的重重困难。

# 平易近人

西周时，伯禽被封在鲁地，姜尚被封在齐地。三年后，伯禽回朝汇报政务，周公说："怎么这么晚才来？"伯禽说："因为改革人们的风俗习惯，费了很多力气。"而姜尚到齐地后，五个月就向周公来汇报政务了。周公说："你怎么这么快就来汇报情况啊？"姜尚说："我简化了君臣之间的礼节，一切按照当地的风俗去做，所以施政很快。"后来，姜尚听说了伯禽的情况，感叹道："平易近民，民众才会归附。"

**【释义】** 平易：原指道路平坦宽广，后比喻态度和蔼。"平易近人"形容态度谦逊和蔼，使人容易接近。也形容文字优美易懂。

## 成语故事

# 破釜沉舟
## pò fǔ chén zhōu

秦朝末年,秦二世派大将章邯进攻赵国。赵国无法抵抗秦军,就派人到楚国求救。楚怀王派宋义为上将,项羽为副将,领兵救赵。行军途中,项羽杀了惧怕强秦的宋义,自己领兵渡过了漳河。大军刚过漳河,项羽就下令凿沉所有战船,砸破所有做饭的锅,烧掉营帐,每个人只带三天的干粮,并向士兵表示不打胜仗决不回来,表现出必胜的作战信心。果然,在这种决心的鼓舞下,楚军大胜,解救了赵国。

**【释义】** 釜:锅。"破釜沉舟"比喻做事的决心很大。

# 骑虎难下

北周末年，丞相杨坚的权势极大。他的妻姐是周明帝的皇后，女儿是周宣帝的皇后，利用这些关系，杨坚几乎把持了朝中的一切权力。周宣帝死后，静帝即位，杨坚把静帝变成傀儡。杨坚的妻子独孤氏怂恿他称帝，她对杨坚说："现在的形势就像骑在老虎背上一样，想下也下不来了。只有把虎打死才行。"后来，杨坚果然废掉静帝，建立隋朝，自己当上了皇帝，他就是历史上的隋文帝。

【释义】"骑虎难下"比喻做事遇到困难，但情况又不允许中途停止，陷于进退两难的境地。

## 杞人忧天

春秋时,杞国有个人常常会想到一些奇怪的问题,让人感到莫名其妙。有一天,吃过晚饭后,他坐在门前乘凉,自言自语地说:"假如有一天,天塌下来怎么办,我不就无路可逃了吗?"他整天担忧天会塌下来,地会陷下去,自己无处安身。为此,他吃不好,睡不好。人们告诉他,天是不会塌下来的。他又担忧太阳、月亮、星星会不会掉下来。人们告诉他,这一切都是不可能的,他才放心。

**【释义】**杞:周朝初年分封的一个诸侯国,在今河南杞县一带。"杞人忧天"比喻不必要或无根据的忧虑和担心。

# 气壮山河

南宋时,赵鼎主张抗金。奸臣秦桧主张投降金国,因此忌恨赵鼎。秦桧经常在高宗面前说赵鼎的坏话,使高宗对赵鼎逐渐失去信心。后来,高宗把他流放到边远地区。

赵鼎病重时,仍不忘振兴国家,于是写下"身骑箕尾归天上,气作山河壮本朝"的诗句。就是说,我身骑箕、尾两座星宿回归上天,我的气概像高山大河那样雄壮、豪迈地存在于本朝。几天后,赵鼎就去世了。

【释义】气:气概。壮:宏伟。"气壮山河"形容气势宏伟,比高山、大河还要雄壮。

# 千钧一发

西汉时,吴王刘濞想反叛朝廷。他的属下枚乘上书劝阻说:"现在形势太危险,好像千钧的东西吊在一根细线上,悬挂在极高的地方,可下面却是深不见底的深渊啊!在这种形势下,就是再愚蠢的人都知道这是极其危险的。绳子断了永远接不上,掉进深渊永远上不来。您如果能够听从我的意见,就可以免遭祸患。"刘濞没有听从枚乘的忠告,坚持起兵反叛,最终兵败被杀。

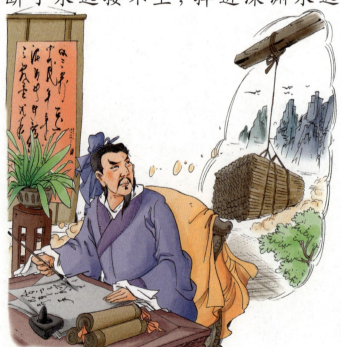

【释义】钧:古代的重量单位,一钧为三十斤。"千钧一发"指一根头发吊着千钧的重物。比喻情况万分紧急。

# 千里之堤，溃于蚁穴

从前，有个国君命令手下的大臣负责修堤防洪。大臣领命后便开始施工，一条气势宏伟的大堤很快就竣工了。国君带领百官视察后，非常满意，重重地奖励了这个大臣。

一个老农走过来，指着堤下成群的蚁穴对国君说："堤下有那么多蚁穴，如果不挖掉会毁了整条大堤的。"国君不在乎地说："长堤这么坚固，还怕这小小的蚁穴吗？"

没几年，堤脚被蛀空，长堤被洪水冲垮。

【释义】溃：溃决。蚁穴：蚂蚁洞。"千里之堤，溃于蚁穴"指做事要防微杜渐，一些看似很小的问题，如果不及时处理，就可能酿成大祸。

# 千里之行,始于足下

哲学家老子认为世界上一切大的东西都是从细小的东西发展而来的。他用比喻的方法论述了这个道理。

他说,张开双臂才能抱过来的大树,是由微小的种子发育而来的。高高的土台子,是由一筐筐的土堆积成的。千里远的路程,是从脚下迈出的第一步开始的。这些比喻说明一切事物都有一个发展的过程。

【释义】"千里之行,始于足下"常用来比喻事情总是从头开始,逐步进行,才能最终完成。

# 黔驴技穷

相传，贵州一带不出产驴，有人用船运来一头驴，放养在山脚下。老虎看到驴，以为是山里的神明，非常害怕，就躲到树林里观察它。一天，驴大叫起来，老虎以为驴要吃自己，吓得跑出去很远。后来，老虎发现驴并没有什么特别的本领，就试探着接近它，逗弄它。驴非常生气，抬蹄便踢。几次之后，老虎肯定驴就会这点儿本事，于是扑过去，咬断了它的喉咙，吃光了它的肉，满足地离开了。

【释义】黔：今贵州一带。穷：尽，完了。"黔驴技穷"指黔地的驴子用尽了它的本领。比喻很有限的一点儿本领已经用光。

# 巧夺天工

东汉末年,袁绍的儿子袁熙被人杀死。曹丕与袁熙的妻子甄氏成亲,并对她无比宠爱,百依百顺。曹操死后,曹丕当了皇帝,建立魏国,甄氏被立为皇后。当时,甄氏已经年过四十,为博取曹丕的怜爱,她每天都精心梳妆打扮。据说,在甄氏的寝宫门前有一条口含红珠的蛇,每天盘绕一种新形状。她就模仿它的形状梳理发髻。甄氏心灵手巧,时间久了,发髻就盘得巧夺天工。

【释义】天工:自然所创造的。"巧夺天工"指精巧的程度胜过天然。形容制作技艺高超精妙。

# 青出于蓝

南北朝时,名士孔璠收了一名叫李谧的学生,李谧刻苦好学,没过几年,学问大长,甚至超过了老师,孔璠反倒得向他求教了。孔璠没有丝毫的嫉妒之心,还非常高兴。

人们编了一首歌谣来赞扬这件事:"青成蓝,蓝谢青;师何常,在明经。"意思是说,蓝色的颜料虽然是从蓼蓝中提炼出来的,但比蓼蓝的颜色更深;师生关系也不是固定的,谁的学问大,谁就是老师。

【释义】青:蓝色颜料靛青。蓝:可提炼蓝色颜料的蓼蓝。"青出于蓝"比喻学生超过老师,后人胜过前人。

# 秋毫无犯

楚汉相争时,在萧何的推荐下,刘邦拜韩信为大将。举行了拜将仪式后,韩信分析形势说:"目前,汉军力量还不如楚军。但是,楚军到处烧杀抢掠,不得民心。而自从汉军进入武关,军纪严明,对百姓没有丝毫侵犯,得到当地百姓的拥护和爱戴。所以,要想夺回关中是件很容易的事情。"刘邦听了韩信这番话,非常高兴。于是,他立即根据韩信的计划,拟定了各路将领进军的目标。

**【释义】** 秋毫:鸟兽秋后新长的细毛,比喻微细的东西。"秋毫无犯"形容军队纪律严明,丝毫不侵犯老百姓的利益。

# 忍辱负重

三国时,孙权夺取荆州,杀了关羽。刘备为替关羽报仇,率领大军讨伐东吴。吴王孙权任命陆逊为大都督,率兵迎战。东吴的一支军队被蜀军包围,要求陆逊增援。陆逊坚守阵地,不出兵交战,并对手下将士说:"并非我陆逊胆小怕战,主公交给我这项任务是因为我能忍受屈辱,担负重任。军令如山,违者按军法处置。"后来陆逊抓住机会,火烧敌营,取得胜利。

【释义】"忍辱负重"指忍受着屈辱,承担起重任。

# 如鱼得水

东汉末年,刘备请出诸葛亮辅佐自己。诸葛亮建议刘备先占据荆州,这样才有机会和曹操、孙权鼎足而立,互相抗衡。刘备得到诸葛亮的指点,了解了很多有关天下形势的问题,并与诸葛亮的关系越来越亲密。

关羽和张飞很不服气。刘备就向他们解释说:"我得到诸葛亮的辅佐,就好比鱼儿得到水,希望你们能够理解。"

【释义】"如鱼得水"比喻得到跟自己最相投合的人或最合适的环境。

# 孺子可教

秦朝末年,张良在圯水桥上遇到一位老人。老人故意把鞋踢到桥下,然后叫张良去替他捡回来。张良帮老人捡回鞋后,老人又叫张良为自己把鞋穿上。张良按照老人的要求把鞋给老人穿上了。老人连谢字也没说就扬长而去。没走多远,老人又回来,说:"孺子可教也。"后来,老人送给张良一部珍贵的《太公兵法》,张良研读《太公兵法》很有成效,最终成为刘邦的重要谋士。

【释义】孺子:小孩子。"孺子可教"用来赞扬青少年很有培养前途。

# 成语故事

## 入木三分

王羲之是晋朝的大书法家。小时候,他在父亲的枕头底下发现了《笔说》一书,就偷来读。父亲发现后,就把书送给了他,不到一个月的工夫,王羲之的书法大有长进。

有一次,皇帝在北郊祭地,需要更换写祝辞的木板。工匠们削去原来王羲之写过字的木板时,发现字迹竟然透入木板深达三分。可见,他的字功力深厚,已经达到纯熟完美的境界。

【释义】"入木三分"原形容书法笔力遒劲雄健。后比喻人的见解深刻。

# 塞翁失马

古时候，一位老人家的马丢了，邻居们都来安慰他。老人说："也许这是一件好事呢？"后来，那匹马带着一匹骏马回来了，人们都来祝贺。老人却说："这有可能变成坏事呀。"不久，老人的儿子练骑马摔断了腿，人们知道后又来安慰他。老人却说："这也许是件好事。"后来，边境开战，青壮年都被征去服兵役，只有老人的儿子因为断了腿没有去服兵役，从而保住了性命。

**【释义】** 翁：老头儿。"塞翁失马"比喻坏事在一定条件下可以变为好事。

# 成语故事

## 三人成虎

战国时，魏国要送太子到赵国做人质，魏王决定派庞葱陪太子前往。庞葱对魏王说："如果有人对您说集市上有老虎，您信吗？"魏王说不信。庞葱又说："如果又有一个人对您说同样的话，您信吗？"魏王说会怀疑。庞葱说："要是第三个人对您说同样的话呢？"魏王说会相信。庞葱说："我现在要去赵国，议论我的人肯定不止三个，那时希望大王明察。"魏王明白庞葱的用意，答应了他的请求。

【释义】"三人成虎"比喻谣言或讹传一再反复，就有使人信以为真的可能。

# 杀一儆百

公元949年,后汉叛将李守贞率军进攻河西(今甘肃河西走廊一带)。行动前,他叫人假扮卖酒商贩,以小利引诱河西郭威部众畅饮,然后乘其酒醉,偷袭河西军营。郭威得知后,立即下令:河西除犒赏、设宴外,一律不准私自饮酒,违者当斩。一次,郭威最亲近的将领李审违背规定喝了酒,他派人将李审找来怒斥一顿后,立即推出斩首。河西官兵从此再不敢随便喝酒。

【释义】儆:警告。"杀一儆百"指处死一个人,借以警戒许多人。

## 成语故事

# 上行下效

春秋时,有一天齐景公与文武百官射箭取乐。齐景公每射一箭,即使没有射中,文武百官也都高声喝彩。齐景公叹了口气说:"唉,自从晏婴死后,就一直没有人当面指正过我的过失。"大臣弦章说:"这件事情不能全怪那些臣子。古人说:'上行而后下效。'大王喜欢吃什么,群臣也就喜欢吃什么;大王喜欢别人奉承,群臣自然也就常常奉承大王了。"齐景公连连点头称是。

【释义】效:仿效,模仿。"上行下效"指上面的人怎么做,下面的人就跟着怎么做。形容从自己做起,诚心诚意听取别人的意见。

# 神机妙算

三国时,诸葛亮出使东吴,联合孙权抗击曹军。东吴的大都督周瑜嫉妒诸葛亮的才能,故意刁难他,限他在三天内造出十万支箭。

诸葛亮在夜间安排了二十只扎着草人的快船,趁大雾天向曹军水寨擂鼓进发。曹军中计,拼命向草船射箭。很快,诸葛亮就"借"到了十万余支箭。

周瑜感叹说:"诸葛亮神机妙算,我确实不如他呀!"

【释义】神机:神奇的心机。妙:巧妙,奇妙。算:计划,筹谋。"神机妙算"形容善于洞察形势,策略高明。

# 事半功倍

从前,孟子和他的学生讨论统一中国的问题。孟子说:"当年周文王的领地虽然很小,但他实行仁政,所以能打败残暴的商纣王,夺得天下。现在老百姓正遭受最暴虐的统治。如果兵强马壮的齐国能够施行仁政,老百姓会因此高兴,就像被倒吊着的人获救一样。如果这样,统一中国就不是难事。和周文王相比,齐王只要花一半的气力,就可以收到成倍的功效。"

【释义】"事半功倍"形容费力小而收效大。

# 势如破竹

晋武帝司马炎灭掉蜀国，夺取魏国政权以后，准备灭掉吴国，于是召集大臣商议此事。不少大臣都反对，只有镇南大将军杜预赞同。杜预说："必须趁着吴国衰弱的时候灭掉它。我军士气旺盛，攻打吴国就如用刀劈竹子，等劈裂几节以后，剩下的就会顺着刀口张开了。"晋武帝同意了杜预的意见。

于是，杜预立刻出兵，很快就攻占了吴国的都城。

【释义】"势如破竹"指势头就像用刀劈开竹子那样。形容节节胜利，毫无阻碍。

# 视死如归

春秋时,齐桓公要拜管仲为相。管仲说:"大厦之成,非一木之材,君王要成大事,又岂能用我一个人?必用五杰才行。"桓公忙问是哪五杰?管仲说:"隰朋、宁越、王子城父、弦章、东郭牙。"管仲推荐王子城父负责军事,他说:"王子城父治军严格,部下训练有素。士兵一切行动听指挥,不知后退,战鼓一响,三军勇敢杀敌,视死如归!"桓公采纳了管仲的建议。不久,齐国大治,桓公尊管仲为"仲父"。

【释义】"视死如归"指把死看成回家似的。形容不怕死,多指为了正义事业,不惜牺牲生命。

# 世外桃源

东晋诗人陶渊明写过一篇名为《桃花源记》的文章。文章讲了这样一个故事：武陵郡的一个打渔人，一次因行船迷路，在桃花盛开的地方发现了一个崭新的世界。那里有肥沃的田地、清清的池塘和繁茂的桑树竹林。人们生活安乐，民风淳朴。他们的祖先因躲避秦末的战乱来到这里，从此与世隔绝，这里成了"世外桃源"。渔人很想记住这个地方，但他离开后就再也找不到原来的地方了。

【释义】"世外桃源"借指不受外界影响的地方或幻想中的美好世界。

# 守株待兔

从前,宋国有个人在地里耕田,突然看到一只兔子从地里惊慌窜过,恰巧撞在树桩上折断颈骨而死。农人扔下工具,拾起兔子回家了。

从此,这个农人成天守在树桩旁,希望再次捡到撞死的兔子,结果兔子没捡到,田地却荒芜了。他的行为成为人们谈笑的话题。人们根据这个故事引申出"守株待兔"这个成语。

【释义】株:露出地面的树根。"守株待兔"比喻不经过自己的努力而希望得到成功的侥幸心理和不知变通的行为。

成语故事

# 熟能生巧

宋朝时,陈尧咨擅长射箭。一次,他在自家的园圃里射箭,有个卖油的老翁见陈尧咨射出的箭十支能中八九支,只是点头表示赞许。陈尧咨看到了,跑过来问道:"我射箭的本领难道不精湛吗?"老翁说:"只不过是熟能生巧罢了。"说着就取过一个葫芦立在地上,用铜钱盖在它的口上,慢慢地用勺子把油倒进葫芦,油从铜钱的孔中注进去,却不沾湿铜钱。陈尧咨见此,只好笑着将老翁打发走了。

【释义】熟:熟练。巧:技巧。"熟能生巧"指熟练了就能产生巧办法,或找到窍门。

# 双管齐下

唐朝有个画家名叫张璪,以画山水松石闻名天下,尤其是画松树,很有特别之处。他能同时手握两支毛笔作画,一支笔画活的新树枝,新树枝画得如含春露;另一支笔画枯树枝,枯树枝画得似经秋霜,各有妙趣,生动活泼,简直跟真的差不多。当时,许多画家都赞叹"张璪作画,真是双管齐下。"

【释义】管:笔。"双管齐下"原指手握两管笔同时作画,现比喻两件事同时进行。

# 水滴石穿

宋朝时,有个官员叫张乖崖,为人耿直,铁面无私。他当县令时,发现管钱库的小吏从钱库里偷了一文钱,就把那人抓起来,还命人狠狠地打了他一顿。小吏不服气,说:"一文钱有什么大不了的,值得这么打我吗?"

张乖崖认为一文钱虽然少,但是盗窃国库的性质恶劣,于是提笔批道:"一日一钱,千日一千;绳锯木断,水滴石穿。"他认为小罪会发展成重罪,于是判了小吏死刑。

【释义】滴:液体一点一点往下落。指水不断地往下滴。"水滴石穿"比喻坚持不懈,事情就会成功。

# 水落石出

古时候,有兄弟两个流落到他乡,寄宿在一户人家。一年到头,他们总是为了有饭吃而到处奔波,生活无人照顾。一次,他们遇到一位好心的女主人替他们补旧缝新,千方百计地主动帮助他们。

没想到时间一长,她的丈夫因此起了疑心。女主人感到很委屈,就对丈夫说:"你不必疑神疑鬼,事情的真相你总会明白的,就像水里的石头,待水清之后就看得清楚了。"

【释义】"水落石出"指水落下去,石头显露出来。比喻事情的真相完全显露。

# 四面楚歌

秦朝末年,项羽、刘邦为了夺取天下,开始了历时四年的"楚汉之争"。最终,韩信带领汉军将项羽的军队围困在垓下。

为了动摇楚军军心,韩信让汉军士兵唱起了楚地的民歌。夜里,项羽和楚军听到四面八方都是楚歌,以为楚地都被汉军占领了,于是带领军队从南面突围。但听到家乡民歌的楚军以为家园失守,没有了战斗力。项羽兵败逃到乌江畔,见大势已去,于是拔剑自刎。

**【释义】** "四面楚歌"原指四面八方都唱起楚歌。现比喻人处于四面受敌、孤立无援的境地。

# 泰山鸿毛

司马迁是汉代著名的史学家、文学家,因为替投降匈奴的李陵说情而被汉武帝处以宫刑。为了完成《史记》,司马迁忍受屈辱,顽强地活了下来。他在给好友任安的信中说,人都免不了一死,有的人死得很有意义,比泰山还重;有的人死得没有意义,比大雁的羽毛还轻。他之所以忍辱偷生,是为了完成历史巨著。后来,司马迁发愤写作,完成了我国最早的纪传体通史——《史记》。

【释义】"泰山鸿毛"比喻人死的价值或意义重大,或毫无意义。

# 贪小失大

战国时,秦惠文王想吞并富足的蜀国,但是通往蜀国的道路十分艰险,军队没法通过。秦王得知蜀侯昏庸而且贪心,他派人雕了一头石牛,放在去蜀国的路上,牛的身后又堆了好多黄金。蜀侯听说山里有一头能屙黄金的牛,就很想得到它。他派出大批民工挖山填谷,开凿一条大道去运石牛,可是等他修好道路,运来石牛,秦国的军队也沿着运石牛的道路攻了进来。就这样,蜀国被秦国灭掉了。

【释义】贪:片面追求,贪图。"贪小失大"指因贪图小利而造成重大损失。

# 谈虎色变

程颐是北宋著名的哲学家和教育家,他曾讲过这样一个故事:"在一个村庄里,传言附近有老虎出没,人们听了都很惊慌,而一位农夫表现得更加惊骇。原来,这个人曾经被老虎咬过。"程颐认为,即使是三岁的孩子也知道老虎能伤人,但却没有这方面的体验。而那位农夫,因为亲身经历过老虎伤人的可怕情形,所以才会有切身感受。研究学问的人,要想得到真知,就必须亲自实践。

【释义】色:脸色。"谈虎色变"现比喻一提到可怕的事情就非常紧张,连脸色都变了。

# 螳臂当车

一次,齐庄公乘马车在路上行进时,发现一只小虫举着前腿向车轮迎上来。齐庄公吩咐停车,下来问车夫:"这是什么虫,竟敢挡住马车?"

车夫说:"这是螳螂,只知道前进,不知道后退。它不明白自己的力量有多大,所以什么也不怕。"说着,车夫用树枝轻轻一挑,就把这只螳螂远远地挑到路边的草丛里去了。

**【释义】** 螳臂:螳螂的前腿。当:阻挡,抵挡。"螳臂当车"比喻不正确估计自己的力量,去做办不到的事情,必然招致失败。

# 螳螂捕蝉，黄雀在后

春秋时，吴王决心攻打楚国。一个侍卫官为了劝说吴王，就拿着一把弹弓，在王宫的后花园中转来转去。吴王奇怪地问："你在转悠什么？"侍卫官说："这树上有一只蝉在得意地鸣叫。它却不知道螳螂正想捕捉它；螳螂想要捕蝉，却不知道黄雀正要吃它；黄雀也不知道我拿着弹弓已经瞄准了它。它们三个都只考虑到眼前的利益，而没顾及身后的危险！"吴王听了，最终放弃了攻打楚国的念头。

**【释义】** 蝉：知了。"螳螂捕蝉，黄雀在后"比喻只顾眼前利益，而忘记了后患。

# 天衣无缝

传说,古时候有一个叫郭翰的读书人,在院子里乘凉时,遇见一位仙女。仙女告诉他自己是天上的织女,因为织布很劳累,就到人间来游玩儿。

郭翰发现织女的衣服不但华美,而且看不到一丝针线缝过的痕迹。织女解释说:"神仙穿的衣服和凡人的不一样,天衣从来都不用针线缝制,所以当然看不见针线缝合的痕迹了。"

**【释义】** "天衣无缝"比喻做事干净利落,没有一点儿破绽,或者形容写文章自然流畅,不露痕迹。

# 同病相怜

春秋时，楚国的郤宛被奸臣费无极杀害，宛的亲戚伯嚭逃到吴国。吴国大夫伍子胥也是因为父亲和哥哥被楚平王害死而逃到吴国的。

当伯嚭向吴王和伍子胥汇报逃亡过来的情况后，伍子胥握着伯嚭的手说："咱们的冤仇一样，你是否听过《河上歌》？这歌真让人有同病相怜、同忧相救之感啊。"

【释义】怜：怜惜，同情。"同病相怜"比喻有同样不幸的遭遇而互相同情援助。

# 同仇敌忾

春秋时,楚国的伍子胥当了吴国大夫后,为了给父亲和哥哥报仇,于楚昭王十五年攻破楚国。楚国大夫申包胥到秦国去求援,可是,秦王拿不定主意,不知道该不该出兵。申包胥就站在大殿前放声大哭,哭了七天七夜。秦王终于被感动,答应出兵救楚,并做了一首歌《无衣》,其中有两句是"王于兴师,修我戈矛。与子同仇!"意思是大王要起兵,把我们的戈和矛准备好,让我们同仇敌忾。

【释义】忾:愤恨。"同仇敌忾"指怀着共同的仇恨,抵抗共同的敌人。

# 同甘共苦

战国时,燕国太子姬平继承王位,历史上称"燕昭王"。燕昭王不知道怎么才能使国家富强起来。他去请教谋士郭隗。郭隗说:"先重用我这个本领平庸的人吧!天下本领高强的人看到像我这样平庸的人都被您重用,他们肯定会前来投奔您的。"燕昭王立刻拜郭隗为老师。消息一传开,果然来了一大批有才学的人为他效力。燕昭王和百姓同甘苦,共患难二十八年,终于把燕国治理得国富民强。

【释义】甘:甜的。"同甘共苦"比喻共同享受欢乐幸福,共同承担祸患苦难。

# 退避三舍

春秋时，晋国重耳因国内政治混乱而逃亡国外。当他逃到楚国时，楚成王热情地招待了他。楚成王问重耳："如果你回晋国做了国君，会怎样报答楚国。"重耳说："如果将来楚和晋不得不作战时，我会命令晋军退避三舍作为答谢。"后来，重耳回国当了国君，他就是晋文公。而楚晋之间真的发生了战争。晋文公履行承诺，下令晋军后退九十里。楚军以为晋军撤退是害怕楚军，盲目轻敌，导致大败。

【释义】舍：古时行军以三十里为一舍。"退避三舍"比喻主动退得远远的，避免接触。

# 完璧归赵

战国时,赵国得到一块玉璧——和氏璧。秦王骗赵王说要用十五座城池换和氏璧。赵王害怕秦国,只好派蔺相如带和氏璧去秦国。蔺相如把玉璧献给秦王,秦王却不提交换城池的事情。蔺相如对秦王说:"如果你不履行诺言,硬要抢夺宝玉,我就把自己的脑袋和宝玉撞碎在柱子上!"秦王只好答应蔺相如暂时保管宝玉,日后再商量此事。蔺相如见秦王没有交换城池之意,便将宝玉送回了赵国。

【释义】完:完整。璧:平圆形中间有孔的玉器。"完璧归赵"比喻把原物完整地归还本人。

# 亡羊补牢

战国时,楚襄王不理朝政,大臣庄辛向他提意见,反倒遭到辱骂,庄辛只好逃到赵国。不久,秦军就攻占了楚国国都,楚襄王请回庄辛,并向他道歉。庄辛说:"有人养羊,一天发现少了一只羊,原来羊圈破了,狼把羊叼走了。邻居劝他修羊圈,那人认为羊已经丢了,修羊圈也没用。第二天,他发现羊又少了一只。很后悔没有听邻居的劝告,便赶快修好了羊圈。您现在悔过,一切还都不晚。"

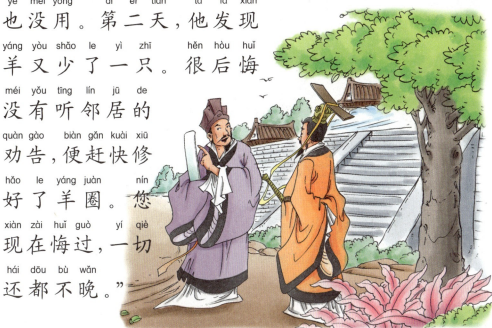

【释义】亡:丢失。牢:关牲口的圈。"亡羊补牢"比喻出了事故或犯了错误,如果能及时补救,可以防止继续遭受损失。

# 望梅止渴

东汉末年的一个夏天,曹操带兵行军时,经过一个没有水源的地方,将士们口渴难忍,行军速度受到了影响。

曹操忽然想出一个主意,就对将士们说:"前面有一大片梅林,结了很多梅子,又酸又甜,既好吃又解渴。"将士们一听,联想到梅子的味道,嘴里都流出了口水,顿时就不觉得渴了。

曹操趁机命令部队快速行进,走出了这片荒凉之地。

【释义】梅:梅子。"望梅止渴"比喻无法实现某种愿望,只能借助空想来安慰自己。

# 围魏救赵

战国时,魏惠王派兵攻打赵国。赵国都城邯郸被围,情况十分危急。赵王向齐国求救,齐威王派田忌、孙膑带兵救赵。

孙膑认为魏军都去攻打赵国,国内必定空虚,救赵国的最好办法是攻打魏国的都城大梁。魏军见大梁危机,果然回兵救援,疲惫的魏军路上遭到齐军伏击,几乎全军覆没。齐军大获全胜,解除了赵国的危困。

【释义】魏、赵:都是战国时的诸侯国。"围魏救赵"指袭击敌人后方的据点以迫使进攻之敌撤退的战术。

# 成语故事

## 为虎作伥

传说,人被老虎吃掉后,他的灵魂就会变成一种专门替老虎服务的鬼,这种鬼叫做"伥"。伥为老虎做事,称老虎为"将军"。只要老虎出入,伥都在前面带路,帮它躲避陷阱和机关。遇到行人,伥就先把他抓住,扒掉他的衣服,等着老虎来吃。猎人们为了捉到老虎,就在老虎出没的地方摆下汤饭、衣物,好让伥鬼停留一下,以便抓到老虎。老虎被抓之后,伥鬼就夜夜号哭,十分恐怖。

**【释义】** 伥:鬼名。"为虎作伥"比喻做恶人的帮凶,帮助恶人做坏事。

# 闻鸡起舞

西晋名将祖逖年轻时就立志报效国家。当时,他和好友刘琨在同一个地方做官。两个人情同手足,白天一起工作,晚上睡在一间屋子里。他们时刻都想着为国出力,建功立业。一天夜里,祖逖被鸡叫声吵醒,他叫醒熟睡的刘琨,说:"这鸡叫是在催促我们早起习武练剑啊!"刘琨十分赞同祖逖的看法。从那以后,只要鸡一叫,两人就起床练武。后来,祖逖当上将军,建立了许多功勋。

【释义】闻:听到。"闻鸡起舞"用以比喻有志为国家效力的人奋起行动。

# 卧薪尝胆

春秋时,吴国打败越国,俘虏了越王勾践,吴王夫差将勾践关在石室中。勾践装出驯服的样子,无论干什么脏活、累活都毫无怨言。不久,勾践得到夫差的信任,被放回越国。回国后,勾践不忘自己在吴国时的种种耻辱,每天晚上都睡在柴草上,还在屋里悬挂了一只苦胆,时常尝一口胆汁的苦味,用来激励自己。经过不懈努力,越国逐渐强大,最终打败吴国,夫差自杀身亡。

【释义】卧:睡。薪:柴草。"卧薪尝胆"比喻刻苦自励,发奋图强。

# 相濡以沫

战国时,有一天庄子看到搁浅在陆地上的两条鱼互相呼气、互相吐出唾液来润湿对方,患难与共,很受感动。他联想到很多在艰难的岁月中苦苦挣扎的人,感慨道:"生活在社会上的人也能像鱼儿一样互相帮助,那该多好啊!"

**【释义】** 濡:沾湿,使湿润。沫:唾沫。"相濡以沫"比喻在困境中的人相互以微薄的力量救助。

# 项庄舞剑，意在沛公

秦朝末年，项羽的势力比刘邦大，他知道刘邦先攻占了秦的都城咸阳，非常气愤，准备出兵讨伐刘邦。刘邦听说后，赶紧到项羽驻军的鸿门去道歉，以消除项羽的疑虑。项羽的谋士范增想借这个机会除掉刘邦，就让项羽的堂弟项庄在宴席上舞剑，借机杀死刘邦。果然，项庄在席上舞剑的时候每一招都针对刘邦，吓得他魂不附体。

后来多亏谋士张良和大将樊哙的帮助，刘邦才逃出鸿门。

**【释义】** 项庄：项羽部下的武将。沛公：刘邦。"项庄舞剑，意在沛公"比喻表面上有正当好听的名目，实际上却别有用心。

## 笑里藏刀

唐高宗时,有一个权势显赫的官员叫李义府。他为人阴险,虽然表面上总做出一副敦厚和善的样子,说起话来和颜悦色,很能迷惑人,但背地里却会使用毒辣的手段置人于死地。有一次,他为了自己的声誉,逼死了曾为他效力的人,又暗中报复,把告发他的人发配到边远地区。公元666年,李义府忧郁而死。后来,白居易写诗说:"君不见李义府之辈笑欣欣,笑中有刀潜杀人!"

【释义】"笑里藏刀"形容外貌和蔼善良,内心却阴险毒辣。

# 心怀叵测

三国时,刘备联合孙权准备北上攻打曹操。曹操也想向南扩张领土,但又担心西凉的马腾乘虚而入。于是,他采用荀攸的计策,以封马腾做征南将军为名,把他骗到京师,然后找机会杀掉。马腾接到诏书,同儿子马超和侄子马岱商量。马岱认为曹操的心思深不可测,如果他设下陷阱,那么这一去肯定会丢掉性命。马腾决定赶赴京师,找机会除掉曹操,但最终因机密泄露,被曹操杀害。

【释义】居心:怀着某种坏心眼,也作"存心"。叵:不可。"心怀叵测"指心存险恶,不可推测。

# 信口雌黄

晋代的王衍,年轻时喜欢空谈宇宙和人生哲理。他喜欢古代思想家老子和庄子,用道家思想来解释儒家经义。他还经常约一些朋友没完没了地闲聊。每次,他手里都拿着一把鹿尾拂尘,侃侃而谈,装作很有学问。可是,他讲的话经常前后矛盾,漏洞百出。人们质疑的时候,他就随口更改。因此,人们说王衍是"口中雌黄"。

【释义】信口:出言不假思索。雌黄:古时用来涂抹错字的颜料,后称任意窜改为雌黄。"信口雌黄"形容毫无根据地乱发言论,胡说八道。

# 成语故事

# 胸有成竹

北宋时,画家文与可最擅长画竹子,他画的竹子各具形态,栩栩如生。为了画好竹子,他在窗前种了许多青竹,每天都细心观察竹子的形态、颜色和生长特性。天长日久,他就对竹子的样貌习性了然于心,画起来便得心应手,画出来的竹子也都形态逼真、呼之欲出。他的朋友都称赞他"胸中有成竹",也就是说,在画竹之前,他的心里早就拟好竹子的形象了。

【释义】成:现成的。"胸有成竹"比喻做事之前已经先有了成熟的计划。

# 休戚相关

春秋时，晋悼公姬周因受到晋厉公的排挤，无法留在国内，只好在周朝世卿单襄公手下做事。他在周朝仍十分关心晋国的事，每当听到自己的国家有什么灾难时就很忧心，每当听说国家有什么喜庆的事情时就很高兴。因此，单襄公认为他将自己的忧愁喜乐与晋国的命运连在一起，是不忘本的表现，将来一定大有前途。不久，晋国发生内乱，晋国大夫派人把姬周接回去，让他做了国君。

**【释义】** 休：喜庆，欢乐。戚：忧愁，悲哀。"休戚相关"指彼此的忧喜祸福紧相关联。

# 悬梁刺股

汉朝时,有一个叫孙敬的读书人,学习非常刻苦,即使疲倦了也不肯休息。由于怕打瞌睡,他把头发用绳子系在房梁上,以此来警醒自己。

战国时的苏秦学习也很刻苦,为了不让自己在读书时睡过去,他准备了一把锥子。只要稍有困倦,他就用锥子扎大腿来保持清醒。由于刻苦学习,这两个人都取得了很大的成就。

【释义】梁:屋梁。股:大腿。"悬梁刺股"指把头发系在屋梁上,用锥子刺大腿。形容学习非常刻苦。

# 削足适履

春秋时，楚灵王率领战车千乘征伐蔡国，进展很顺利。他让弟弟弃疾留守蔡国处理政务，而自己则继续攻打徐国。弃疾受谋士怂恿，杀了楚灵王的儿子，然后拥立哥哥的另一个儿子子午做国君。楚灵王知道后，上吊自杀。弃疾又逼迫子午自杀，自己做了国君。后人评价此事说：骨肉之间应该互相关爱。如果你信坏人的话而使骨肉相残，就像砍去脚趾头去适应鞋的大小一样，太不明智了。"

**【释义】** 适：适应。履：鞋子。"削足适履"指把脚削小，使它适合鞋子的尺寸。比喻无原则地迁就凑合，愚蠢地生搬硬套。

## 成语故事

# 雪中送炭

宋太宗赵光义是历史上比较贤明的君主。一年冬天,天降大雪,宋太宗坐在宫里,穿着锦袍,烤着炭火,仍然感到寒冷。他想到那些缺衣少食的贫民没办法过冬,于是就派人带上衣物、粮食和木炭到民间去慰问那些穷人。宋太宗的这一举动得到全国百姓的赞扬,一时传为美谈。宋代诗人范成大也曾在雪天给朋友送过炭,并写下一首相关的诗,诗中写道:"不是雪中须送炭,聊装风景要诗来。"

【释义】"雪中送炭"比喻在别人急需的时候给以帮助。

# 揠苗助长

战国时，宋国有一个种田人，总担心自己田里的禾苗长得比别人家的慢。一天，他来到田里，一棵棵地把禾苗拔高。他拔完地里所有的禾苗，高高兴兴地回家了。一进家门，他就大声喊道："哎呀，累坏我了，今天我使所有的禾苗都长高了一大截！"家里人听了都觉得很奇怪，他的儿子想探个究竟，跑到田里一看，发现所有的禾苗都枯死了。

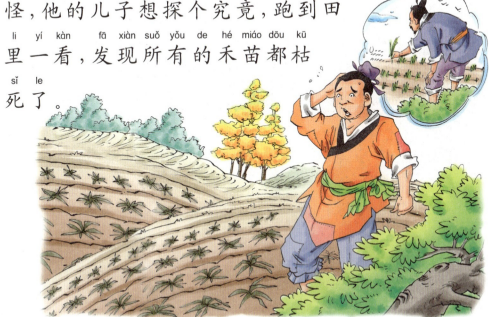

**【释义】**揠：拔。"揠苗助长"指拔高禾苗，帮助它生长。比喻不顾事物的发展规律，急于求成，反而把事情弄糟。

# 言过其实

三国时，蜀国大将马谡自幼熟读兵书，谈起行军打仗来头头是道。军师诸葛亮很器重他，但刘备却认为马谡言语夸大，已经超出了自身的能力，因而临终时，叮嘱诸葛亮不能重用马谡。公元228年，诸葛亮领兵伐魏，任用马谡为先锋，驻守街亭。马谡自以为是，没有按照诸葛亮的部署行事，导致街亭失守，破坏了伐魏计划。诸葛亮后悔没听刘备的话，挥泪斩了马谡。

【释义】实：实际。"言过其实"指言语不实，超过自己的实际能力。现多指说话过分夸张，不符合实际。

# 掩耳盗铃

古时候，一个人看到一户人家门口挂着一个好看的铃铛，就想把它偷回去卖钱。可他知道，如果用手去摘铃铛，铃铛一动，就会发出丁零的响声，他就会被人发现。他想："我捂住耳朵，不就听不见铃声了吗！"于是，他堵住自己的耳朵，伸手去偷铃铛。他以为自己听不到，别人也会听不到，可是，他的手刚一碰到铃铛，铃铛就发出清脆的响声，惊动路人，把他抓住了。

【释义】掩：遮盖。盗：偷。"掩耳盗铃"比喻自己欺骗自己，明明掩盖不住的事情偏要想去掩盖。

# 叶公好龙

春秋时,楚国的叶公非常喜欢龙。家具和室内装饰物上都画着龙,就连钩凿等小东西上也都是龙的形象。天上的真龙听说了这件事,就来拜访叶公。它从窗外探进头来,尾巴伸到厅堂里,准备和他打招呼。可是叶公见了真龙,吓得魂不附体,连忙逃走了。

有人问叶公既然喜欢龙,为什么见了真龙却逃走呢。叶公说他喜欢的是龙的形象,而不是真龙。

【释义】好:喜欢。"叶公好龙"比喻表面上似乎爱好某事物,但真正面对某事物的时候却又很害怕。

# 夜郎自大

西汉时，汉武帝为了加强同西南各部族的联系，寻找通往身毒（今印度）的通道，派使者到达滇国（今天的云南）。滇王问汉使："汉朝和滇国相比，哪个更大？"后来汉使返回长安时经过夜郎，夜郎国君也提出了同样的问题："汉朝和夜郎相比，哪个大？"面对这两个从来没有离开过自己的国土、见识不广的国王，汉朝使者不知怎么回答。这个故事后来演变成家喻户晓的成语。

【释义】夜郎：汉代西南部的一个小国，在今天的贵州省西北部。"夜郎自大"比喻无知，妄自尊大。

# 成语故事

## 一败涂地

汉高祖刘邦早年曾经在家乡做过亭长。一次,刘邦因为放走到骊山服徭役的民工,不得不和其他人一起躲藏在芒砀山里。沛县县吏萧何、曹参非常敬重刘邦,他们杀死沛县县官之后,请刘邦回来做县官。刘邦谦让说:"现在天下处在混乱之中,如果推举不到好的首领,一旦失败,就会肝脑涂地。你们还是推举贤能的人吧。"但是大家还是一致拥戴他为县官,称他为沛公。

【释义】涂:涂抹。"一败涂地"多形容失败到不可收拾的地步。

# 一笔勾销

北宋时,范仲淹被宋仁宗任命为副宰相,一上任就进行了官吏作风的改革。他取来各地官员名册,一个个检查他们的任职情况,对于那些碌碌无为的官员毫不心慈手软。当他发现有人"在其位,不谋其政"时,就将此人的名字从名册上一笔勾掉,革去官职,空出来的职位就从下一级能够胜任的官员中选出。遗憾的是,由于改革触犯了贵族官僚的利益,遭到他们的强烈反对,范仲淹被贬到陕西任职。

【释义】销:消除。"一笔勾销"指用笔在账簿或书面材料上勾画一下,表示账目已清或事情已结。比喻一下子完全消除或否定。

# 一箭双雕

南北朝时,北周有一个叫长孙晟的人,很有智谋,擅长射箭。一年,突厥国王摄图要求和北周通婚,北周皇帝派长孙晟为使者,护送公主入突厥。摄图非常敬重长孙晟,一次,他们外出打猎时,看见两只老雕在空中翻飞,争夺一块肉。摄图连忙递给长孙晟两支箭,请他把两只雕都射下来。长孙晟拍马向前奔去,拉弓就射,只用了一支箭,就把两只雕都射了下来。摄图对长孙晟的箭法深感佩服。

【释义】雕:老雕,一种凶猛的鸟。"一箭双雕"比喻做一件事却取得了两个成功。

# 一毛不拔

战国时,有个叫杨朱的思想家,主张一切从自我的利益出发。一天,他遇到禽滑釐。禽滑釐问杨朱:"如果拔你身上的一根汗毛就可以造福天下,你肯让人拔吗?"杨朱说:"汗毛是我身上的东西,当然不忍心拔下,只是这世界这么大,百姓众多,不是我这一根汗毛所能解决的。"禽滑釐又问:"假如你身上的一根汗毛真的能造福人类的话,你肯舍弃它吗?"杨朱知道自己争论不过禽滑釐,便不说话了。

【释义】"一毛不拔"指连一根毛也不肯拔。形容非常吝啬自私。

# 成语故事

## 一鸣惊人

战国时,齐威王骄奢淫逸、不理朝政,齐国危在旦夕,大臣们却不敢劝谏。有个叫淳于髡的人决定去劝齐威王。淳于髡知道齐威王喜欢猜隐语,就对他说:"齐国有一只大鸟,落在王宫里,三年间不飞也不叫,你知道这是为什么吗?"聪明的齐威王听懂了淳于髡话中的意思,他说:"这只鸟不飞则已,一飞冲天;不鸣则已,一鸣惊人!"从此,齐威王开始整顿朝政,训练军队,终于使国家强盛起来。

【释义】"一鸣惊人"形容平时默默无闻,突然做出惊人的事情。

# 一网打尽

北宋时,苏舜钦为人正直,多次上书皇帝,批评因循守旧的宰相吕夷简。当时有个叫刘元瑜的官员,为了讨好吕夷简,就上书诬告苏舜钦。结果苏舜钦和他的亲朋好友都被免职,朝廷中顿时缺了很多人才。

事后,刘元瑜得意地对吕夷简说:"聊为相公一网打尽。"意思是我已经为你把他们都收拾了。

【释义】"一网打尽"比喻全部抓获,彻底肃清或一个不剩。

## 成语故事

# 一叶障目

传说,蝉往往躲在一种树叶底下,这样,鸟雀看不见它,也就不能伤害它了。人们把这种树叶叫"蝉翳叶"。据说,谁要是拿到这种树叶,别人就看不到他。有一个书呆子信以为真,就到外面找了许多蝉藏身的树叶,回来后一一拿着问妻子是否能看见自己。起初,妻子如实回答说能看到,后来不耐烦了,就顺口说看不到。书呆子欣喜若狂,拿着树叶到集市上行窃,结果被人抓住了。

**【释义】** 障:遮盖。"一叶障目"现比喻被眼下的小事情所蒙蔽,因而看不到事情的全貌。

# 一意孤行

西汉时,大臣赵禹是个廉洁正直的人,深得汉武帝赏识。有一次,汉武帝让他负责制定国家法律。当时,许多官员都希望赵禹不要将法律定得太苛刻,便纷纷请他吃饭,还有的官员借着给赵禹送礼试图劝说他,但赵禹从不理会,让他们把带来的礼物都带回去。

有人问赵禹:"难道您就不考虑别人对您的看法吗?"赵禹说:"我这样做是为了自己能独立地处理事情,按照自己的意志办事。"

【释义】"一意孤行"形容不听任何劝告,固执己见行事。

# 一枕黄粱

唐代传奇《枕中记》中记载："一个姓卢的书生投宿在邯郸的一家客栈。道士吕翁也住在这里。在和吕翁谈话时，卢生感慨自己生活困顿，没有出路。吕翁便拿给他一个小枕头，让他枕上睡一觉。卢生睡熟不久便做了一个梦，他梦见自己娶了名门家的小姐为妻，而且金榜高中，子孙满堂，享受了一辈子荣华富贵。可是当他醒来才知道只是做了一场梦，而此时，店主人的黄米饭还没煮好呢。

【释义】枕：枕头。黄粱：小米。"一枕黄粱"原比喻人生虚幻。后比喻不能实现的梦想。

# 疑邻盗斧

古时候,有个人丢了一把斧子,怀疑是邻居的儿子偷去了。从此以后,他觉得邻居的儿子走路姿态像是偷了斧子的样子,脸上的神色还像偷了斧子,就连说话的声音也像偷了斧子。总之邻居儿子的一切行动,在他看来都像是偷了他的斧子的样子。

不久,他外出劳动,找到了那把斧子。后来,他再看到邻居家的儿子,从头到脚,怎么也不像偷斧子的样子了。

【释义】"疑邻盗斧"比喻做事看人有成见。

# 以德报怨

春秋时,魏国大夫宋就曾在一个小县担任县令,这个县位于魏国与楚国的交界处。两国百姓都种西瓜,可是楚国瓜农不像魏国瓜农那样辛勤浇水、锄草,所以地里的瓜长得不如魏国的好,就每天晚上跑过来糟蹋一番。魏国瓜农要报复楚国瓜农。宋就劝说道:"要以和为贵。你们去楚国帮他们把瓜种好吧!"魏国瓜农按照宋就说的去做。楚国瓜农知道后,又感动又羞愧。从此,两国瓜农和睦相处。

【释义】"以德报怨"指对待犯错误的人要宽厚仁慈,这样才能化解矛盾,和睦相处。

## 以卵击石

墨翟是战国时著名的思想家。有一天,墨翟想到齐国去,一个算命的人对他说去北方不吉利。墨翟不信,继续朝北走。但不久,他就回来了,因为北边的淄水泛滥,无法渡过河。算命人得意地说:"怎么样,我说的对吧?"墨翟理直气壮地说:"你说的是迷信,我说的是真理。用你的话来反驳我,就好比用鸡蛋来投击石头,你用天下所有的鸡蛋来投击石头,我也不会有损伤。"

【释义】"以卵击石"比喻不估计自己的力量,自取灭亡。

# 义不容辞

东汉末年,曹操以天子的名义,率领三十万大军讨伐吴国。孙权急忙召集将领商议对策。

谋士张昭说:"陛下可以立刻发信到荆州,请刘备出兵共同抗击曹操。刘备娶了您的妹妹,就是我们东吴的女婿,让他跟我们一同抗击曹操是他义不容辞的责任。"

孙权采纳了这一建议,派出使者,去向刘备求援。

【释义】义:道义。容:容许。辞:推辞。"义不容辞"指道义上不允许推辞。

# 义无反顾

西汉时,汉武帝派唐蒙出使夜郎,修筑"西南夷道"。唐蒙过多征用民工,又杀了部落酋长,因而引发骚乱。汉武帝知道这件事后,派司马相如去安抚当地百姓。司马相如写了一篇文告,向当地百姓做了一番解释。文告还劝说巴蜀民众不应该反抗,应像士兵打仗那样,迎着飞来的刀、箭前进,不能徘徊回头看,宁可战死也不转身逃跑。经过沟通和协调,司马相如化解了这场矛盾。

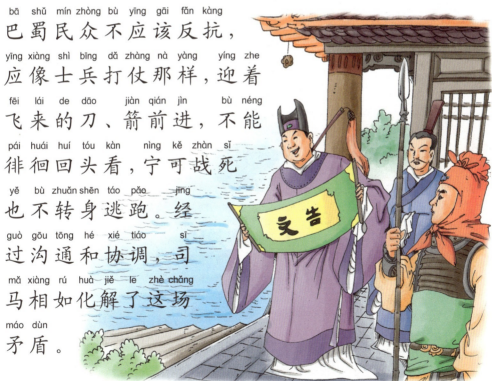

【释义】反顾:回头看。"义无反顾"指在道义上绝不容许退缩回顾。

# 成语故事

## 易如反掌

战国时,孟子主张推行"仁政"、"王道"。孟子的弟子公孙丑问他到齐国去能不能像管仲、晏婴一样有所作为。孟子说:"你为什么拿我与他们比呢?"

公孙丑说:"管仲使齐桓公称霸天下,晏婴使齐景公名扬四海,这样的人难道还不值得学习吗?"孟子说:"管仲辅佐齐桓公,晏婴辅佐齐景公,是因为齐国地大人多,以这样的条件来统一天下,就像翻手掌一样容易。"

【释义】"易如反掌"指容易得像翻一下手掌。比喻极其容易。

# 因势利导

战国时，魏国攻打韩国，韩国向齐国求救。齐国派田忌为将军，孙膑为军师出兵救韩。孙膑利用敌人骄傲的心理向田忌献计说："善战者，因其势而利导之。"意思是要顺着对方思想加以引导，引诱他们中计。他建议每天减少炉灶，伪装逃跑，诱敌深入。于是，齐军进入魏境后，不断减少煮饭的灶，造成齐军人数减少的假象。魏军主将庞涓果然中计，轻敌深入，在马陵遭伏击，齐军大获全胜。

**【释义】** 因：顺着。势：趋势，趋向。利导：向顺利的方面引导。"因势利导"指就着事物发展的趋势，引导到正确的道路。

# 饮鸩止渴

东汉时,有人向大将军梁商诬告霍谞的舅舅宋光,说他私自删改朝廷诏书。为此,宋光被关进监狱。当时只有15岁的霍谞为了证明舅舅的清白,写信给梁商说:"我舅舅一向奉公守法,怎么会冒着死罪去删改诏书呢?这犹如人口渴难耐的时候,饮鸩酒以解渴,这样做的结果只能丧命。我舅舅怎么会这样做呢?"梁商读了这封信,觉得很有道理,就报请汉顺帝宽恕宋光。过了几天,宋光被释放。

【释义】鸩:传说中的毒鸟,用它的羽毛泡的酒有剧毒。"饮鸩止渴"指喝毒酒解渴。比喻用有害的办法应急,不顾致命后果。

# 庸人自扰

唐睿宗时,陆象先到益州做官,对那里的百姓非常宽和,很少使用严厉的刑罚。他认为百姓的事情在于如何治理,不在于使用什么样的酷刑。一次,在处理一个普通案件时,陆象先只是批评了犯人几句,就把他放了。下属认为这样做太轻率,结果招来陆象先的责备。陆象先常说,天下本没有事,都是浅薄的人自己扰乱自己而生出事来。在他的治理下,益州违法乱纪的事很少,百姓生活安乐。

【释义】庸人:平凡无所作为的人。自扰:自己扰乱自己。"庸人自扰"指本来无事,自己给自己找麻烦。

# 成语故事

## 忧心如焚 yōu xīn rú fén

西周时，周幽王是个大昏君，他宠爱美人褒姒，为了博取褒姒一笑，竟点燃烽火台，欺骗各路救援的诸侯。他还重用奸臣太师尹氏，让他掌管朝政。结果导致国势衰败，人心涣散。

有个大臣写了一首诗，揭露太师的罪恶，表达百姓的忧愤。诗中有这样的话："忧心如惔，不敢戏谈。国既卒斩，何用不监！"意思是：百姓心里忧愁得像火在烧，但又不敢将你笑谈。眼看国运将断，你却看不见！

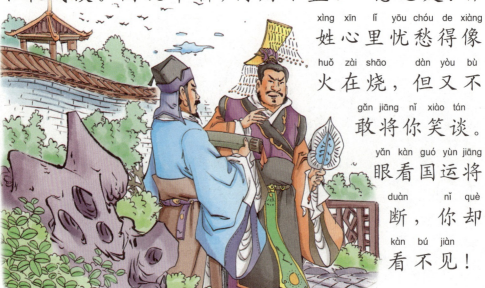

【释义】"忧心如焚"指忧愁的心情像火烧一样。形容内心焦虑不安。

# 有备无患

春秋时，晋国曾出面帮助郑国解决了同其他国家的纠纷。为了表示感谢，郑国赠送给晋国许多兵车、乐器、乐师和歌女。晋悼公非常高兴地收下礼物，并把其中的一半分给了功臣魏绛。魏绛没有接受赏赐，而且还婉言劝谏悼公。他说："古人说：安定快乐的时候要想到会有危难到来，这样才会有所准备，有了准备才会免遭灾祸。"晋悼公认为魏绛很有远见，就采纳了他的意见。

【释义】"有备无患"指事先有准备就可以避免灾祸。

## 成语故事

# 有志者事竟成

东汉初年,光武帝刘秀命耿弇带兵攻打山东豪强张步。张步兵强马壮,是耿弇的劲敌。双方在临淄城外进行了一场血战,战斗中耿弇的大腿不幸中箭。他把箭砍断,坚持战斗,终于在刘秀赶来援助之前打败了张步。

刘秀夸耿弇说:"你从前在南阳建议请求平定张步,我当时以为你口气太大,恐怕难以成功,如今才知道,有志者事竟成啊!"

【释义】竟:终于。"有志者事竟成"指只要有志气事情终会成功。

# 愚不可及

春秋时,卫国有个叫宁武子的大夫,为人奸猾,善于见风使舵,投机取巧。

孔子这样评价宁武子:这个人太圆滑,在国泰民安的时候,显得很聪明;而当国家面临危难之时,就会装成很愚笨的样子。

他的那种聪明,别人是能够做到的,而他那种假装愚笨的做法,是谁也学不会的。

【释义】愚:傻。"愚不可及"原指有智慧而外面看上去愚笨,不是一般人所能做到的。现在用来形容极其愚笨。

## 成语故事

# 愚公移山

太行、王屋的山脚下有个叫愚公的人,年纪将近九十。大山挡住出入的路,愚公下定决心把山移走。河曲有个很有智慧的老人阻止愚公说:"凭你这么大的岁数和剩下的力气,连山上的草都不能拔掉,又能把太行、王屋两座山怎么样呢?"愚公说:"即使我死了,还有儿子在;子子孙孙没有穷尽,可是山不会增高,何愁挖不平呢?"这件事被天帝知道后,天帝很感动,就命令山神把两座大山背走了。

【释义】"愚公移山"比喻坚持不懈地改造自然和坚定不移地进行斗争。

# 余音绕梁

传说韩娥是战国时期著名的歌唱家。一次,她来到齐国,由于没钱,就唱歌赚些路费。韩娥的歌声十分美妙,人们听得如醉如痴,韩娥唱完了,他们也不肯离去。后来,韩娥因受人欺负而放声恸哭时,人们竟然难过得好几天吃不下去饭。韩娥要走时,人们要求再听一次她的歌,这一次,她唱的是欢快的歌,于是人们也都跟着快乐起来。韩娥走后好几天,人们似乎还能听到她的歌声在屋梁间回绕。

【释义】余音:唱完之后留下的音响。绕梁:环绕屋梁。"余音绕梁"形容歌声优美动听,韵味深长。也比喻诗文意味深长。

# 鹬蚌相争

战国时,赵国准备攻打燕国,苏代对赵王说:"今天路过易水,看见一只河蚌张开壳在河滩上晒太阳,一只鹬鸟飞来,伸出长嘴去啄蚌肉。河蚌马上闭壳,夹住了鸟嘴。鹬说:'今天不下雨,明天不下雨,你就会被晒死。'蚌也说:'今天不放你,明天不放你,你就会被憋死。'双方僵持的时候,一位渔夫把它们都捉住了。您现在攻打燕国,秦国就会像渔夫一样把你们吞掉。"赵王听后,不再攻打燕国。

【释义】鹬:一种长嘴水鸟。"鹬蚌相争"比喻双方争执不下,让别人有机可乘,获得好处。

# 欲速则不达

子夏在任莒父县宰之前，曾向孔子请教如何治理好他管辖的地区。孔子告诉他要把握两条原则，一是不要图快，那样有时反而达不到目的；二是不能只看小利益，那样做不成大事。

据说，春秋时齐景公有一次在海边游玩儿，听说相国晏子病重，他非常着急，就选用最好的车夫和马，连夜赶回去。可是他嫌马跑得太慢，就下来自己跑，结果反而更慢了。

【释义】"欲速则不达"指一味要求快速，或马上就想要实现愿望，反而达不到目的。

# 凿壁偷光

汉朝的大学问家匡衡年轻时家境贫寒,买不起灯油,无法在夜里读书。他的邻居比较富裕,匡衡就想到邻居家读书,但遭到邻居的拒绝。后来,他想出一个好办法。他悄悄在墙上凿了一个小洞,让邻居家的灯光透过来,然后自己就借着这微弱的灯光读书。由于没钱买书,匡衡还自愿到一位藏书很多的财主家做工,不要工钱,只为能借到书看。经过勤奋学习,匡衡终于成为一位博学的人。

【释义】"凿壁偷光"形容人读书勤奋刻苦。

# 朝三暮四

从前,宋国有一个养猴子的老人,他不但了解猴子的性情、习惯,还能和猴子对话。每天他都给猴子橡子吃。可老人也不富裕,没有足够的橡子给它们吃,于是就想出一个限制橡子数量的办法。一天,他对猴子说:"以后吃橡子一律早晨三颗,晚上四颗。"猴子们听了嫌少,大闹起来。老人改口说:"既然这样不行,那就早晨四颗,晚上三颗吧。"猴子听了马上高兴起来,不再闹了。

**【释义】** "朝三暮四"原指玩弄手段欺骗人。后来比喻常常改变主意,反复无常。

# 成语故事

## 郑人买履
### zhèng rén mǎi lǚ

古时候,郑国有个人做事情非常死板。一次,他想到集市上买鞋。为了能买到合脚的鞋,他事先量好了尺寸,随手就把尺码放在凳子上。在集市上,他挑到一双满意的鞋。这时,他发现自己忘了带量好的尺码,就放下鞋,赶回家去取。等他拿着尺码回到集市上的时候,天已经黑了,店铺早就关门了。有人问他为什么不穿上鞋试一下。郑人回答说宁肯相信量好的尺码,也不相信自己的脚。

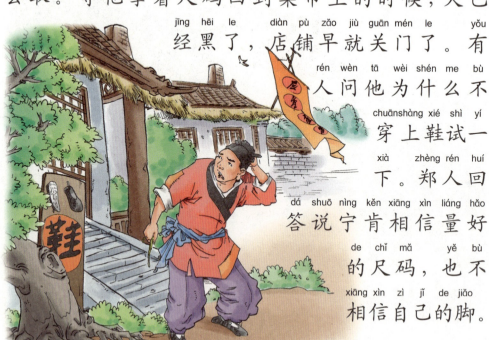

【释义】郑:春秋时诸侯国名。"郑人买履"讽刺了那些死守规矩,迷信教条,不相信客观实际的人。

# 知己知彼

孙武是春秋时期著名的军事家。他本来是齐国人，后来吴王封他做了大将。孙武把自己的作战经验和对战争的认识写成十三篇兵法，也就是后来的《孙子兵法》。在这部书的《谋攻》篇中，他指出打胜仗的五种方法，又总结出：打仗既要了解敌人，又要了解自己，"知己知彼"才能保证每一次作战都能获胜；不了解敌人而了解自己，有一半获胜的机会；不了解敌人，也不了解自己，就会每战必败。

【释义】彼：对方。"知己知彼"指对双方情况都能了解，每次打仗都会取胜。

# 指鹿为马

秦二世胡亥在位时,丞相赵高的权势很大,但他并不满足,还想篡位做皇帝。他担心其他大臣反对,就想出一个主意来测一下,看谁和他一条心。他牵来一只鹿,对胡亥说:"陛下,我给您献上一匹马。"胡亥说:"丞相,你错了,这是鹿不是马。"赵高又问左右的大臣这是什么。有的人不作声,有的人坚持说是鹿,有的人顺从赵高说是马。后来,赵高就找借口,把说是鹿的人都治了罪。

**【释义】** "指鹿为马"比喻有意颠倒黑白,混淆是非。

# 众志成城

春秋时，周景王做了两件不得民心的大事。一件是铸大钱，另一件是铸造大钟。当时，很多官员都不同意铸大钱和铸大钟。大钱不利于流通，大钟劳民伤财，且人的耳朵不适应这么大的声音。宫中主管音乐的官员对周景王说："大钟的声律强调和谐，如果百姓怨恨，那就没有和谐了。"他用民谚"众心成城，众口铄金"来劝谏周景王，但周景王不听，最后死于心疾。

【释义】城：坚固的城墙。"众志成城"指万众同心协力，就成为坚固的城堡。比喻团结力量大。

# 成语故事

## 煮豆燃萁

曹操死后，长子曹丕即位。曹丕担心弟弟曹植会威胁自己的帝位，就想害死他。曹丕让曹植在七步之内作出一首诗来，否则就按欺君之罪杀死他。曹植知道哥哥要害死他，就怀着悲愤的心情在七步之内作了一首《七步诗》："煮豆持作羹，漉豉以为汁。萁在釜下燃，豆在釜中泣。本是同根生，相煎何太急？"诗中暗指曹丕这种行为是兄弟间的自相残杀。曹丕听了，非常惭愧，便没有杀曹植。

【释义】萁：豆秆。"煮豆燃萁"指烧豆秆煮豆子。比喻兄弟骨肉相残。

# 捉襟见肘

相传,孔子的学生曾参居住在卫国的时候,非常贫穷,穿的是用麻絮做成的袍子。由于长期劳动,手掌、脚掌长满了老茧。有时,他一连几天吃不上一顿饱饭。十年了,也没有做过一件新衣服。朋友来访,为了表示尊重,他整理了一下帽子,可是帽带却断了。拉了一下衣襟,衣袖却破了,露出了胳膊。一提鞋,鞋后跟就裂开了。生活虽然艰苦,但曾参仍然保持乐观的精神和高尚的品格。

【释义】襟:衣服胸前的部分。捉襟:整理衣襟。见:露出。"捉襟见肘"形容衣服破烂,经济拮据。

## 自食其力

从前,有个齐国人,家里很穷,常常吃不饱饭。后来,他到一个兽医那里做帮工,干些杂活,以此换取一日三餐。他每天跟牛粪、马尿打交道,又脏又累,但是他不怕脏不怕累,反而干得挺起劲的。

有人嘲笑他说:"兽医这个行业本来就被人瞧不起,你还给兽医打杂,岂不是更被人瞧不起。"那人说:"我靠自己的劳动生活,没什么丢人的。"

【释义】"自食其力"指劳动不分贵贱高低,只要是靠自己的双手生活,都是值得自豪的。

# 自相矛盾

古时候,楚国有一个卖兵器的人。一天,他到街上去卖矛和盾,可是没有卖出去一件。这个人灵机一动,想出一个办法。他举起盾,向大家吹嘘道:"我的盾是天下最坚固的盾,多么尖锐的东西也刺不穿它。"接着,他又拿起矛,说:"我的矛是天下最锐利的矛,什么坚固的东西都能刺破。"一个围观的人问他:"如果拿你的矛去刺你的盾,会怎么样?"卖兵器的人没法回答,只好灰溜溜地走了。

【释义】矛:长矛。盾:盾牌。"自相矛盾"比喻自己说话做事前后抵触。

# 醉翁之意不在酒

欧阳修是北宋著名的文学家、史学家，因得罪权贵，被贬到滁州做太守。虽然被贬官，但欧阳修并没怨天尤人，而是一心为国事担忧，以百姓疾苦为重。

在他的努力下，人们安居乐业。欧阳修看在眼里，喜在心上，写下了著名的《醉翁亭记》。文中有这样的名句："醉翁之意不在酒，在乎山水之间也。"表达了他不执着名利，寄情于美好风光，追求与民同乐的思想。

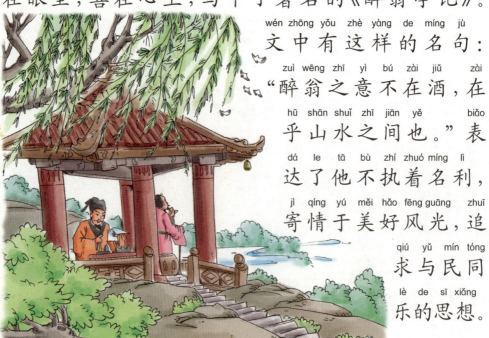

【释义】"醉翁之意不在酒"指本意不在事物所反映的那一方面，而在别的方面，也比喻别有用心。

# 坐山观虎斗

传说卞庄子非常勇敢。一天,他听说山中闹虎患,就带着馆竖子上山杀虎。来到山上,他们发现两只老虎正因争吃一头牛而激烈地撕咬。卞庄子提剑就要冲上去,馆竖子拦住他,说:"先别急,那两只老虎争斗的结果一定是力气小的被咬死,而力气大的也会受伤,到那时,您只要打死一只伤虎,就能留下杀死两只老虎的美名。"卞庄子听从他的话,轻而易举地杀死了两只老虎。

**【释义】** 观:看。"坐山观虎斗"比喻坐看别人互相争斗,等待两败俱伤,从中取利。

图书在版编目（CIP）数据

成语故事 / 晨风童书编著. — 北京：中国人口出版社，2015.1

（中国儿童成长必备彩书坊）

ISBN 978－7－5101－3046－5

Ⅰ．①成… Ⅱ．①晨… Ⅲ．①汉语－成语－故事－儿童读物 Ⅳ．①H136.3-49

中国版本图书馆 CIP 数据核字(2014)第 288951 号

中国儿童成长必备彩书坊

## 成语故事

晨风童书　编著

| | | |
|---|---|---|
| 出版发行 | 中国人口出版社 |
| 印　　刷 | 长春华昱卫星纸制品有限责任公司 |
| 开　　本 | 720 毫米×1000 毫米　1/16 |
| 印　　张 | 14 |
| 字　　数 | 150 千字 |
| 版　　次 | 2015 年 5 月第 1 版 |
| 印　　次 | 2015 年 5 月第 1 次印刷 |
| 印　　数 | 1－5000 册 |
| 书　　号 | ISBN 978－7－5101－3046－5 |
| 定　　价 | 19.90 元 |

| | |
|---|---|
| 社　　　长 | 张晓林 |
| 网　　　址 | www.rkcbs.net |
| 电子信箱 | rkcbs@126.com |
| 总编室电话 | （010）83519392 |
| 发行部电话 | （010）83534662 |
| 传　　　真 | （010）83519401 |
| 地　　　址 | 北京市西城区广安门南街 80 号中加大厦 |
| 邮　　　编 | 100054 |

版权所有　侵权必究　质量问题　随时退换